Med Kamel YAHIAOUI

Le Petit Fellagha

Guerre d'Algérie

Copyright © 2016/2020, Med Kamel YAHIAOUI
Tous droits de l'auteur réservés dans tous les pays.

Éditions : BOD / DZWEBDATA, France
Impression : BOD gmbh, Allemagne
Distribution : SODIS groupe GALLIMARD

Dépôt légal juin 2020, France

ISBN n° 9782322120123

Préambule :

De l'insouciance de cette enfance qui baignait dans un esprit d'amitié, de camaraderie et de fraternité malgré une injustice sociale avérée à l'égard des autochtones jusqu'au jour où la guerre d'Algérie éclate et les divise.

Affrontement des idées et des armes entre ceux-là mêmes qui étaient, quelques années plutôt, dans leur habit d'enfants, unis comme les doigts d'une même main.

L'auteur suit le parcours de jeunes Français et Algériens, leurs engagements dans l'un ou l'autre camp ainsi que les atrocités de cette guerre parsemée de combats, d'attentats et d'assassinats où des amis d'enfance se trouvaient parfois face à face, un fusil dans la main, n'ayant comme seule alternative que d'appuyer sur la gâchette.

S'entremêlent l'amour, l'amitié indéfectible, mais aussi l'humiliation, la haine, la vengeance et un peu de sagesse de quelques-uns, espérant concilier deux communautés meurtries, les uns, pour retrouver leur indépendance, les autres pour vivre sur la terre qui les a vus naître eux et leurs aïeux pour peu qu'ils renoncent à l'injustice du passé.

Il y avait ceux qui s'engagèrent pour l'indépendance de leur pays, ceux pour une Algérie Française et enfin, des pacifistes dont la voix était inaudible.

Malgré les blessures de cette guerre, il reste encore un autre combat sans arme cette fois-ci, celui de la jeune Madeleine la pied-noir et Kamel l'autochtone dont l'amour demeure indéfectible, malgré la tragique guerre, les embûches et les préjugés des deux communautés antagonistes qui s'insurgent contre leur union.

Ils se sont juré, quoiqu'il arrive, de se retrouver et vivre la plénitude de leur amour, même ailleurs.

Chapitre I

A l'école

Pendant la colonisation de l'Algérie, il y avait très peu d'écoliers indigènes, cinq au plus répartis dans plusieurs classes à l'école où j'étais.

Dans la cour de récréation, ils étaient souvent ensemble pour éviter les brimades et les moqueries de leurs congénères français.

Dans cette école, il y avait une sorte de melting-pot, les enfants d'autochtones ressemblaient aussi bien aux enfants d'Européens de souche française, italienne, espagnole, maltaise ou autres, auxquels l'ardeur du soleil donnait un teint basané commun, ils avaient cependant des signes distinctifs qui ne prêtaient pas à confusion.

De condition modeste, ils étaient habillés de vêtements fripés et rapiécés quand ce n'est pas déchirés, des calottes rouges comme couvre-chef et, en guise de cartable, un simple baluchon en tissu cousu par la mère.

Et si les tabliers obligatoires bleus ou roses leur servaient de cache-misère en classe ou dans la cour de récréation, c'est aux portes de l'école, à la sortie ou à l'entrée, que paraissaient ces injustes différences.

D'ailleurs, Il n'y avait pas que la différence vestimentaire, mais aussi les lieux de vie et les espaces de jeu.

Les Européens habitaient en général dans les beaux quartiers dans des villas, maisons ou bâtiments jouissant de tout le confort.

Les indigènes, eux, logeaient dans des baraquements ou gourbis en périphérie du village.

Les mieux lotis d'entre eux habitaient au village, dans des maisons basses dites arabes, des chambres construites en rez-de-chaussée autour d'une cour commune où se trouvaient un cabinet de toilette et un robinet d'eau courante à usage collectif.

On y accédait de l'extérieur par une porte unique et, hormis les habituels résidents, tout visiteur devait toquer à la porte en annonçant chez qui il venait.

C'est d'ailleurs dans ce genre d'habitation que j'étais né et vivais encore avec mes parents.

Curieusement, j'étais un des rares enfants indigènes admis dans le groupe des enfants européens.

Nous jouions dans la cour de récréation ensemble, j'étais mal vu d'ailleurs par mes congénères indigènes qui voyaient en moi un traître en quelle sorte.

Effectivement, j'étais le seul enfant indigène à fréquenter les camarades européens, probablement par mon zèle à vouloir leur ressembler.

Il faut dire que pour être admis parmi ces écoliers Français et gagner leur amitié, notamment la tolérance de leurs parents afin de pouvoir fréquenter leur progéniture, il fallait faire montre de qualités méritoires.

J'ai réussi avec insistance à persuader mes parents de troquer mon mode vestimentaire, *chéchia* et *gandoura*, contre culottes courtes et chemisette et je m'étais promis, pour faire bonne figure et braver les clichés d'infériorité, d'être sur le podium des bons résultats scolaires.

Dans la cour, au moment de la récréation du matin comme de celle de l'après-midi, on voyait toujours le même décor, une flopée de tabliers de couleur bleue pour les garçons et rose pour les filles.

Malgré la mixité, chacun tenait à son genre, les filles d'un côté, les garçons de l'autre.

Seule exception, Madeleine, la fille du vétérinaire, intégrée dans notre groupe de chenapans, car son frère Gabriel en faisait partie.

Madeleine était mignonne. De longs cheveux noirs, des yeux clairs, un peu ronde, mais le critère de minceur, n'était pas à la mode à cette époque, et à peine âgée de onze ans et quelques mois, comme moi.

J'étais secrètement amoureux de cette fille et, malgré ma discrétion, cela n'échappait au regard méfiant de son frère Gabriel.

L'école était un des lieux où il était possible d'approcher Madeleine, car, si nous, garçons du groupe, pouvions nous retrouver dans le quartier pour jouer ensemble, les filles en étaient exclues, et celle qui osait le faire était traitée systématiquement de « garçon manqué ».

J'allais souvent dans leur quartier pour y jouer et explorer des jouets que mes parents ne pouvaient m'offrir, tels un vélo ou une paire de patins à roulettes.

J'avais une nette préférence pour Gabriel et Madeleine, les enfants du vétérinaire.

Il y avait plusieurs raisons à cela.

D'abord, j'étais discrètement amoureux de Madeleine, et son frère Gabriel n'hésitait pas à me décourager dès qu'il apercevait un quelconque geste affectueux à l'égard de sa sœur.

Ensuite, leur père m'avait adopté presque comme son troisième enfant, comme il l'avait fait, une décennie plus tôt, avec mon grand-père, son compagnon de lutte pendant la Seconde Guerre mondiale contre les Allemands.

La mère était également gentille avec moi, elle insistait toujours pour que je prenne le goûter avec ses enfants.

Je dirais même que sa générosité à mon égard suscitait une pointe de jalousie chez Gabriel, car elle me donnait toujours la plus grosse part de gâteau.

Un jour, Madeleine m'avait susurré, en cachette, que sa mère avait dit à Gabriel que je n'avais pas la chance, comme lui, de manger souvent des gâteaux.

Les parents de ces camarades étaient les seuls à qui ma mère rendait visite.

Et pour cause !

Un jour, ma mère tomba malade et dut être conduite à l'hôpital de la grande ville en urgence. Son état ne lui permettait pas d'être transportée en bus.

Alors que je me dirigeais vers la station de taxis, au carrefour de la rue, je me trouvai nez à nez avec Madeleine et sa mère, panier de courses à la main.

Madeleine, voyant mon air déçu, me questionna :

— Ça va, Caramel ?

C'est le surnom que Madeleine m'avait donné.

Je lui parlai de l'état de ma mère.

Je n'avais même pas fini ma phrase que sa mère me somma :

— Allez, viens vite avec nous !

En arrivant devant la porte de leur villa, la mère confia le panier à Madeleine, lui demanda de ranger les courses, m'invita à monter dans la voiture garée juste à côté et elle démarra aussitôt.

Les voisins furent atterrés de voir cette Européenne ressortir, soutenant seule ma mère à bras-le-corps jusqu'à la voiture.

Depuis ce jour mémorable, ma mère ne rata pas une occasion d'aller voir sa bienfaitrice, soit pour l'aider à faire le ménage (sauf à nettoyer la croix de Jésus) ou les courses au marché et gare à cette dernière, si elle tentait de lui donner de l'argent en rétribution, ma mère le refusait systématiquement en lui rappelant que c'est grâce à elle qu'elle est encore vivante.

Ma mère réussit même à emmener sa bienfaitrice dans un hammam fréquenté uniquement par des femmes arabes ; elle était la seule femme européenne parmi les fatmas !

Une de nos meilleures distractions, à Madeleine, Gabriel et moi, c'est quand les deux mères se parlaient.

Ma mère baragouinait un peu de Français et la mère de Madeleine et Gabriel parlait un peu d'arabe.

À les entendre dialoguer, nous ne pouvions retenir nos éclats de rire en chœur.

Voilà donc pourquoi, j'avais un libre accès à cette immense villa de mes camarades français qui n'avait rien de comparable avec les deux chambres de la maison arabe où j'habitais.

De magnifiques meubles et ornements d'intérieur à l'avenant, que je regardais avec envie dès que nous pénétrions à l'intérieur de la villa.

Curieusement, je faisais le parallèle avec une histoire contenue dans mon livre scolaire d'un précédent devoir, où il était écrit à peu près ceci :

« Mon père est assis à table. Il lit son journal. Grand-Mère sur son fauteuil au coin de la cheminée tricote. Maman prépare le dîner dans la cuisine ».

Pensez-vous que je pouvais disserter à l'école sur un tel sujet quand, chez moi, mon père est analphabète, il n'y avait pas une table à manger, pas de fauteuil ni de cheminée, encore moins, une cuisine !

À propos des devoirs, il m'arrivait parfois de les faire en compagnie de Gabriel et Madeleine.

Ma matière de prédilection était surtout l'algèbre, j'étais nul en géographie et pire en histoire.

Évidemment, j'apprenais à l'école que mes ancêtres étaient les Gaulois, les réputés druides, et que les habitations gauloises étaient plus développées que les grottes de leurs contemporains.

Et bien que je comparasse le druide-guérisseur au charlatan marabout musulman du coin ou encore les gourbis indigènes aux huttes gauloises, cela n'expliquait pas ma prétendue filiation.

Côtés parents, quand je leur posais la question à propos des Gaulois, la réponse était des plus déroutantes. Mon père ressassait à chaque fois :

— Je n'ai jamais entendu parler de « Gaulois », c'est une tribu de quelle région, ça ?

Berbère, Gaulois, Français ou indigène, une complexité d'identification qui expliquait probablement ma nullité en histoire.

Avec d'autres camarades français, nous nous retrouvions souvent devant la maison du garde champêtre, une demeure en retrait de la ville.

Il y avait, derrière la maison, un immense terrain pour jouer et devant, un couloir assez large et plat, les jeux étaient plus variés, car nous disposions d'une panoplie de jouets, vélos, patins à roulettes, un baby-foot et des billes.

À l'inverse, nous ne pouvions nous adonner aux bêtises tant nous étions sous la surveillance discrète des parents qui s'étaient respectivement passé la consigne.

II
Les vacances

Enfin, les vacances scolaires de cet été 1955 arrivent, et me voilà bientôt expédié, si je puis dire, à la ferme de grand-mère où j'avais l'habitude de séjourner quasiment chaque saison depuis des années déjà.

Mes parents avaient pris cette habitude de m'éloigner du village où nous habitions, car, disaient-ils, j'étais un peu turbulent, et, à vrai dire, je ne me plaignais pas d'une telle décision.

La ferme de grand-mère m'offrait l'immensité de l'espace, contrairement à l'étroitesse des rues de mon village, et je m'en donnais ainsi à cœur joie pour faire des sottises, sans avoir les parents sur le dos.

Les enfants de la ferme attendaient la venue de l'extraterrestre que j'étais tant ils étaient impressionnés par mes extravagances d'enfant de la ville au fil des étés.

Comment voulez-vous qu'ils ne l'aient pas été quand, la première année de mon arrivée parmi eux, je leur demandais où se trouvaient les toilettes alors que nous étions en plein champ, transformé de manière improvisée, en terrain de jeu !

Déjà, fallait-il leur expliquer ce qu'étaient des toilettes en ville, qu'ils ne connaissaient guère.

Subtilement, un des enfants s'éloigna du groupe à une dizaine de mètres, releva légèrement sa *gandoura* des deux côtés et s'accroupit pour me montrer comment on s'y prenait pour faire ses besoins à la campagne.

Ou quand j'avais transformé l'abreuvoir des animaux en une piscine et avais vidé, en barbotant, son contenant d'eau, une denrée rare que ces mêmes enfants avaient la corvée de remplir les bassins en allant puiser cette eau à environ un kilomètre de là, à pied et dans des bidons quelquefois plus lourds qu'eux.

J'avoue que ce jour-là, ils l'avaient mauvaise et je n'avais échappé à leur punition collective que parce que j'étais le petit-fils de la respectable grand-mère, propriétaire de la ferme.

Pourtant, grand-mère était réputée pour son équité et, si les faits lui avaient été rapportés, elle ne m'aurait pas épargné la correction comme, un an auparavant, j'avais reçu une bonne raclée pour avoir arraché et éventré pas moins de vingt pastèques parce qu'aucune n'était assez sucrée à mon goût.

Les enfants habitant dans la ferme, étaient différents de ceux que je côtoyai, à longueur d'année au village, à l'école ou dans le quartier comme Gabriel et Madeleine, les enfants du vétérinaire, François et son frère Fernand (que nous appelions le cancre) car il avait trois ans de plus que notre moyenne d'âge, fils de Gaston, l'adjoint au maire, Jean et Antoine, les fils du garde champêtre, ou encore Saïd, le gaillard qui, à 13 ans, en imposait par sa stature d'adulte.

Cette année, mon séjour chez grand-mère allait être retardé.

Les autres années, à cette même période, j'y étais déjà.

Des agitations perceptibles dans le village et des rumeurs parvenaient jusqu'aux oreilles des enfants.

Il paraît qu'au mois de novembre 1954, tout juste huit mois auparavant, dans la région de la grande ville située non loin de notre propre village, des hors-la-loi armés avaient attaqué et tué des militaires et des civils français.

On disait également, qu'à peine deux kilomètres de notre village, deux colons européens avaient été tués, leurs fermes brûlées.

Un peu plus loin, ces hors-la-loi avaient égorgé le garde-barrière, sectionné les rails du chemin de fer et coupé les poteaux électriques.

Hors-la-loi, insurgés ou agitateurs, c'est ainsi que l'on nommait ces gens-là.

Mais pour nous les enfants, l'appellation de cesdits hors-la-loi ne signifiait rien, à tout le moins, probablement des méchants contre qui, par naïveté enfantine, nous avions inventé un jeu qui consistait à choisir, chacun à son tour, le héros de nos légendaires bandes dessinées capable de les anéantir.

Les villageois continuaient à épiloguer sur ces évènements, les uns alarmistes, les autres rassurants, en effet, les actions de ces insurgés que l'on avait baptisés « fellaghas » ne semblaient pas anodines.

En dehors de notre proximité, pas moins de cent attentats perpétrés à travers le pays visant essentiellement des militaires, des civils français et des édifices. Le bilan était des plus inquiétants.

Les ratissages et arrestations par l'armée, d'une partie des autochtones impliqués ou supposés l'être, démontraient bien qu'il s'agissait d'une organisation structurée et laissaient présager que d'autres attaques n'étaient pas à exclure dans les jours ou les mois à venir.

Ces craintes s'étaient d'autant amplifiées que les autorités tentaient maladroitement de minimiser ce drame pour ne pas affoler la population, alors que, par ouï-dire, les gens étaient abondamment informés de ce qui se passait réellement.

Quant à moi, mon souci premier était que mon départ chez grand-mère ne soit pas remis en cause, car ma mère semblait déjà manifester quelques réticences.

Mes affaires de voyage, une valise pour les vêtements et un baluchon fourre-tout, étaient déjà prêts depuis deux semaines au moins et, à chaque fois que je les voyais dans le coin de la chambre, cela augmentait davantage mon impatience.

Mes parents finirent par accepter mon départ tant attendu chez la grand-mère.

Ma mère vint me prévenir de la bonne nouvelle avec le sourire en émettant cependant une réserve :

— Au moindre risque de nouveaux troubles, tes vacances seront interrompues, avec un retour immédiat à la maison.

— Cette année, tes vacances dureront un peu moins longtemps que d'habitude, car tu dois préparer ta rentrée au collège cette année.

Et dans la foulée, elle ajouta :

— Je vais prévenir grand-mère pour que ton oncle vienne te chercher à la gare ce dimanche quatorze août. Et tâche de ne rien oublier, cette fois-ci !

Sur le moment, j'étais enthousiaste et heureux, et, paradoxalement, je trouvais qu'attendre encore deux jours, jusqu'au dimanche, était trop long.

En guise de consolation, j'entrepris de m'imaginer le voyage à la ferme de grand-mère située à environ quatre-vingts kilomètres de là.

On y allait en train. Un train qui roulait à soixante kilomètres à l'heure en ligne droite, mais à la traversée d'une haute montagne à mi-chemin, on pouvait à l'aise acheter, sans s'arrêter, des figues et du raisin que nous proposaient, au travers des vitres, les petites paysannes du coin.

C'est dire que le train ne roulait plus qu'à cinq kilomètres à l'heure à peine.

Mais le meilleur moment du voyage était l'arrivée à la gare de destination.

Généralement, c'est l'oncle Elgarmi qui venait me chercher.

La ferme était située hors de la ville et il restait à parcourir environ quatre kilomètres encore dans la crainte de voir apparaître des phénomènes étranges.

Il n'y avait pas une route goudronnée qui desservait la ferme, c'était juste un chemin emprunté par les chevaux et une calèche attelée serait précisément notre moyen de locomotion.

On raconte de nombreuses légendes sur ce trajet-là, il y avait la « grotte de l'ogre noir », qui sortait chasser à l'heure où le soleil était au plus fort, un peu plus loin, c'était le « fantôme du cavalier » qui était tombé dans le ravin et qui surgissait dès que des voyageurs s'approchaient de la rivière., encore la belle et folle « princesse aux cheveux roux » qui vous envoûtait en vous fixant des yeux et enfin, « la halte des mûriers », un immense verger et une source d'eau fraîche, réputés être l'ancienne propriété d'un autre malfaisant tué par les villageois.

Mon oncle s'arrêtait immanquablement dans ce lieu, pas pour boire ou pour manger des mûres, mais juste pour faire un coucou à sa petite amie qui se trouvait de l'autre côté de la rive et qui, comme par connivence, se trouvait toujours là au bon moment.

Le jour effectif du départ arriva enfin et curieusement, avant même que ma mère ne vienne me réveiller, j'étais déjà éveillé alors que d'habitude, pour aller à l'école par exemple, il aurait fallu négocier avant que je ne sorte du lit.

Préparé et prêt à partir en moins de cinq minutes, c'était une vraie prouesse.

Valise et baluchon dans le coin de la chambre n'attendaient que d'être empoignés.

Pour respecter les consignes de ma mère de ne rien oublier, l'unique chose qui me vint à l'esprit fut de vérifier, dans mon baluchon, si j'avais bien les sachets de bonbons que j'offrais par tradition et fièrement aux enfants de la ferme une fois arrivé.

Mon père avait demandé la veille à un oncle de m'accompagner en voiture à la gare.

À son arrivée, nous sommes tous sortis pour accueillir, à l'exception de mon père, déjà parti tôt au travail et dont je ressens encore la douceur de sa bise sur ma joue.

Il m'invita à monter dans la voiture, en direction de la gare. Le départ du train à destination de grand-mère était prévu dans une demi-heure.

Nous arrivâmes un quart d'heure après, le train était déjà à quai.

D'habitude, c'est le passager qui paye la course au chauffeur de taxi.

Mais avec l'oncle Ahmed, c'était l'inverse, c'est lui qui mettait la main au porte-monnaie.

Il me remit un billet pour acheter quelques friandises avant de monter dans le train.

Il est de tradition que les proches parents donnent un petit billet ou des pièces de monnaie aux enfants pour acheter, disaient-ils, des friandises.

Je revins donc cinq minutes après avec un sac garni de bonbons, de sucettes et de chewing-gums.

Il m'installa dans un compartiment et le train démarra immédiatement.

La chaleur était torride en ce mois d'août et l'air de l'extérieur qui pénétrait par les fenêtres du train l'était tout autant.

Les voyageurs étaient quasiment tous assoupis sous l'effet de la chaleur et mon tour ne tarda pas à arriver.

Je ne me réveillai qu'à l'approche de la gare de destination grâce au va-et-vient dans le couloir du train des voyageurs s'apprêtant à descendre.

Avant même l'arrêt définitif, je scrutai le quai à la recherche de mon oncle qui ne tarda pas à se manifester en agitant les bras.

Je faillis ne pas le reconnaître, lui qui était un grand gaillard de dix-neuf ans semble visiblement avoir maigri et s'était laissé pousser une fine moustache comme pour s'affirmer adulte.

Je lui passai mon baluchon à travers la fenêtre, un voisin de cabine m'aida et fit de même pour mon autre valise, puis je descendis du train pour le rejoindre.

Après de tendres bises, je repris mon baluchon, l'oncle prit la valise, puis nous nous dirigeâmes vers la fameuse calèche, mon moyen de transport estival préféré.

Nous prîmes donc le chemin pour rejoindre la ferme, nous discutâmes jusqu'à l'arrivée à hauteur du lieu-dit la « halte des mûriers ».

J'aperçus soudain comme de l'amertume sur le visage de l'oncle et, tout en regardant la ferme de l'autre rive où apparaissait sa fiancée, je ne vis que des décombres calcinés.

Un moment méditatif, l'oncle se retourna vers moi et me dit :

— Tu sais, ce n'est pas des choses à raconter à un enfant de ton âge, mais je dois te le dire quand même.

La ferme qui était en ces lieux est celle de mon oncle Hamou, sa fille Yasmina était ma promise.

Nous nous sommes connus à l'occasion de rencontres familiales, et nous n'attendions depuis que l'aval de nos parents pour fixer la date de notre mariage.

Il y a quelques mois, des maquisards descendus des montagnes environnantes ont attaqué la ferme d'un important colon voisin ; ils ont tué un de ses fils, brûlé les étables et les silos à grains.

Par vengeance, à peine deux jours plus tard, le colon et ses fils, accompagnés d'un convoi militaire, sont venus brûler la ferme et récupérer tout le bétail.

Les colons, après avoir proféré des injures innommables, ont tué mon oncle et un de ses enfants alors qu'ils tentaient vainement de leur expliquer qu'ils n'étaient pas responsables de ce qui leur était arrivé.

Préalablement à l'approche du convoi des camions militaires, ma fiancée Yasmina et ses deux autres frères se sont réfugiés dans la montagne en amont.

Les travailleurs de la ferme et leurs familles se sont également éparpillés, les uns dans la forêt, les autres dans la montagne.

Ils ont été épargnés par je ne sais quel miracle, à l'exception de deux hommes, à portée de fusils des militaires, qui ont été abattus.

Mon oncle marqua une pause puis reprit son récit :

— En fait, entre notre famille et ce colon, c'est un antagonisme centenaire.
— Notre famille était la propriétaire terrienne principale de la région.
— Au début de la colonisation de l'Algérie par les Français, notre famille fut dépossédée de ses terres les plus fertiles, qui furent attribuées arbitrairement ou payées à vil prix par les autorités françaises à la famille de ce colon originaire d'Alsace.
— Des décennies durant, ce même colon a, avec la complicité de l'administration, réussi à rogner nos terres soit en falsifiant des cadastres ou en imposant des ventes de terrain à vil prix.
— Ces histoires se sont perpétuées à travers les générations d'héritiers des deux familles comme pour entretenir la haine et c'est probablement un des prétextes majeurs pour se venger sur mon oncle alors qu'il n'y était pour rien dans ce qui était arrivé à son voisin.

Il parut se perdre un long moment dans ses pensées, avant de me lancer :

— Bon, on va s'arrêter quand même pour manger des mûres, qu'en penses-tu ?

Je fis timidement un signe approbateur.

Mon oncle ne semblait pas aussi loquace comme à son habitude, je n'osai pas lui demander des précisions sur ces fellaghas descendus des montagnes dont il avait reparlé et qui me rappelaient subitement les rumeurs à leur propos dans mon propre village.

Ma hantise de les rencontrer dépassait celle des légendes de l'ogre, du cavalier ou de la princesse folle !

— Tu les veux comment tes mûres, noires ou blanches ? M'interpella-t-il tout en slalomant entre les mûriers ; je te conseille les mûres noires, elles sont meilleures et c'est celles que je préfère. Tu es d'accord ?

Sans même attendre que je réponde, il secoua la branche la plus garnie de mûres noires, évidemment.

Nous nous dirigeâmes ensuite vers la calèche. Les deux chevaux de l'attelage semblaient apprécier cette pause.

Mon oncle alla directement du côté conducteur pour s'asseoir à la place du cocher. Je fis de même de l'autre côté, il prit les rênes en mains et donna l'ordre aux chevaux dans leur langage :

— Hue ! Hue ! Hue !

Mon oncle qui d'habitude me racontait tant d'histoires drôles durant ce trajet, était noyé dans ses pensées et muet comme une carpe.

Était-ce à cause de Yasmina, sa fiancée, de la mort de son oncle Hamou et de ses deux fils, ou d'autres catastrophes qu'il me déplairait de connaître à l'arrivée.

Lorsque nous arrivâmes, un comité d'accueil fut improvisé par les enfants de la ferme.

Une dizaine d'enfants, moins âgés ou plus âgés que moi, sourires et gestes avenants, coururent derrière et sur les côtés de la calèche en attendant qu'elle s'arrête et que je descende pour les saluer.

Ils étaient pieds nus ou chaussés d'un semblant de savates rudimentaires taillées dans des peaux de chèvres, habillés de fripes rapiécées ou de gandouras faites maison et avec une silhouette maigrichonne de mal nourri.

Ils étaient pourtant rieurs et amusés comme tout autre enfant, acceptant, comme par fatalité, leur misérable sort.

Il n'y avait pas une école pour ces enfants, à part un espace jouxtant une mosquée où l'on apprenait à lire et à écrire l'arabe et surtout à réciter le Coran, avec un rudimentaire matériel scolaire : une ardoise en bois et une plume, taillée dans les tiges du roseau, que l'on trempait dans une encre fabriquée localement.

Cette école improvisée n'était d'ailleurs pas fréquentée tous les jours par les enfants, car ils avaient d'autres tâches à accomplir.

Ils travaillaient dans les champs avec leurs parents, comme saisonniers dans les fermes proches ou encore comme bergers.

Ils étaient quasiment tous contraints aux corvées quotidiennes : aller puiser de l'eau à des centaines de mètres et ramasser bois et brindilles pour cuire les aliments ou pour se chauffer en hiver.

Parmi la foule d'enfants, Omar et son frère Rachid, mes meilleurs complices pendant les vacances, n'étaient pas venus m'accueillir comme d'habitude.

D'autant que c'était à eux que je confiais, en arrivant, la tâche de distribuer les friandises, car ils connaissaient tous les enfants de la ferme et leur nombre dans chaque maison.

Grand-mère employait une trentaine d'ouvriers permanents et un peu plus pendant les saisons de semences ou de moissons.

Ils habitaient tous dans et autour de la ferme, dans de simples gourbis d'une ou deux chambres au plus.

Ni eau courante ni électricité ni meuble de confort non plus, les parents et enfants, six personnes en moyenne par famille, dormaient sur des tapis à même le sol.

À proximité de chaque gourbi, grand-mère leur avait attribué gracieusement un petit bout de terrain pour planter des légumes, installer un poulailler ou un clapier.

Grand-mère était une femme pieuse et généreuse, qualité que tout le monde s'accordait à lui reconnaître.

Chaque année, elle redistribuait la *zakat*, un impôt coranique de 2,50 % des bénéfices de l'année, que chaque musulman devait donner aux plus démunis.

Elle organisait également chaque année, à la fin des récoltes, une fête à la *zaouïa* en l'honneur de ses aïeux, à laquelle étaient conviés tous les habitants de la région.

Les ouvriers se chargeaient d'égorger quelques-unes de ses bêtes selon le nombre de convives, leurs femmes préparaient couscous et légumes dans de grandes marmites, le tout était servi dans des plats en bois par groupe de six ou sept personnes au plus.

À la fin des repas, un spectacle était organisé par des initiés, les uns marchant sur des braises pieds nus, d'autres, encore plus impressionnants, par supercherie ou magie, coupant leur langue et la présentant sur un plat à l'assistance.

Bien que généralement on écartât les enfants d'un tel spectacle, les rusés gamins trouvaient toujours le moyen d'y assister en se faufilant derrière le dos de leurs parents ou des voisins.

Une fois le spectacle terminé, enfants et adultes se livraient à des spéculations verbales, chacun à sa manière, pour percer les mystères de ce qu'ils venaient de voir.

Après une bonne nuit de sommeil, j'entamai mon deuxième jour de vacances et j'avais hâte, en ce matin bien ensoleillé, de retrouver les enfants de la ferme.

J'eus comme l'impression qu'ils s'étaient donné le mot : en sortant de la cour de la maison de grand-mère, je vis, à cent mètres à peine, un attroupement d'enfants.

Je les rejoignis en sifflotant, ils se regroupèrent tous autour de moi, en me proposant, en guise de cadeau de bienvenue des jouets faits main, des figues de barbarie épluchées prêtes à être dégustées, des framboises sauvages et même une grive vivante qui battait des ailes pour se libérer des mains de l'enfant qui la tenait précieusement.

Je ne voyais toujours pas Omar et son frère Rachid.

Je me suis approché discrètement d'un des enfants en lui demandant s'il pouvait aller chercher les deux frères.

— *Matou, Matou, Tayara safra !* Ils sont morts, ils sont morts ! Ce sont les avions jaunes ! me répondit-il.

L'enfant ne s'attarda pas pour donner davantage d'explications, il repartit immédiatement rejoindre les autres enfants pour jouer.

Décidément, me dis-je, les vacances de cet été ne m'inspirent que frayeur et désolation.

D'abord l'assassinat de l'oncle d'Elgarmi et de ses deux fils, puis la disparition de Yasmina et maintenant mes deux meilleurs camarades morts pour je ne savais quelle raison.

On a beau être insouciant quand on est enfant, mais ces nouvelles plus tristes les unes que les autres, me perturbaient sérieusement.

D'autant que cela faisait ressurgir dans mon esprit ce qui s'était déjà dit à propos des tueries par les fameux fellaghas à proximité de mon village, il y a quelques mois.

Les enfants de la ferme, malgré leur analphabétisme, étaient les plus inventifs que j'aie connus en matière de jeu.

J'avais le choix entre l'équipe du jeu de quilles, celle d'une partie de football ou l'équipe qui posait des pièges pour attraper des oiseaux.

Il n'y avait pas comme en ville des jouets que l'on achetait et qui s'accumulaient chaque année dans les greniers.

Ici, les enfants improvisaient des jeux ou fabriquaient les jouets eux-mêmes !

Une partie de football, le ballon était fait de bouts de tissu et de paille insérés dans un morceau de peau de chèvre cousue en forme de ballon, un peu lourd à tirer, mais il faisait l'affaire néanmoins.

Une partie de quilles, trois ou quatre tas de pierres disposés verticalement à une dizaine de mètres, que les joueurs tentaient d'abattre avec des cailloux qui faisaient office de boules.

Je me mis avec l'équipe des poseurs de pièges tant le jeu était original.

Brahim m'apprit d'abord comment fabriquer le piège : deux bâtons de bois d'environ 40 cm de long reliés par un fil invisible (fibres de cactus). On faisait un nœud au milieu et lorsque l'oiseau passait sa tête, le nœud se resserrait sur son cou.

Chacun posa ensuite son piège dans un lieu fréquenté par les oiseaux, on se mit à plat ventre à distance et attendit patiemment que l'oiseau soit pris au piège.

C'était triste pour les oiseaux, mais Dieu merci, peu d'entre eux furent pris au piège.

En cette période de vacances, je passais la plupart de mon temps avec ces enfants indigènes comme moi.

Mais, j'avais aussi des copains français dans la ferme voisine que je retrouvais également chaque saison estivale et avec qui nous faisions des randonnées en calèche ; nous nous arrêtions souvent dans un immense verger, propriété de leurs parents, pour cueillir des fruits, nous nous rendions ensuite à la rivière pour nous baigner dans une eau naturellement fraîche et limpide.

C'était toujours le même rituel sauf que cette année-là nous eûmes la peur de notre vie.

Nous étions interceptés par un groupe d'hommes avec des fusils à la main, ils ne semblaient pas réunis pour une partie de chasse.

Parmi eux, les amis avaient reconnu deux anciens ouvriers de la ferme parentale.

Alors que l'on s'attendait au pire, les deux hommes se sont rapprochés de la calèche avec un large sourire vers les enfants de leur ancien patron.

Ils nous conseillèrent de rebrousser chemin sans nous expliquer les raisons.

Arrivés à la ferme, nous apprîmes que deux Européens ont été tués dans les environs, probablement par ces mêmes hommes.

Les parents nous apprirent que c'était le début d'une insurrection contre les colons de la région et que nous avions eu de la chance de revenir vivants.

Mais pourquoi diable étions-nous épargnés ?

Ce n'était vraiment pas un hasard, c'était dû à la notoriété des parents, de rares colons à traiter avec humanité les autochtones qui travaillent dans leur ferme.

Chaque année, à l'occasion de la fête du sacrifice du mouton, ils offraient à ses ouvriers cinq moutons pour ce rituel musulman.

Les moutons étaient égorgés, leur viande équitablement partagée entre eux.

À Noël, c'était au tour des enfants de se régaler, une kermesse dans les dépendances de la ferme était organisée chaque année, des bonbons, des dattes et des oranges sont distribués à volonté aux enfants dont les yeux pétillaient de bonheur.

Arrivés chez eux, nous étions encore sous le choc de cette rencontre impromptue, nous continuâmes à jouer dans la cour de la ferme cette fois-ci.

C'est l'heure du déjeuner, il n'est pas question de repartir, me disent les amis en chœur, tu déjeuneras avec nous !

Une fois le déjeuner fini, c'est l'heure du retour à la ferme de grand-mère.

J'appréhendais un retour seul et mes amis étaient encore sous le choc pour pouvoir m'accompagner en calèche comme ils le faisaient d'habitude.

À mon grand soulagement et celui de mes amis aussi, c'est finalement le père qui m'accompagna.

En arrivant à la ferme de grand-mère, je vis mon oncle qui s'apprêtait à me héler.

J'arrivai à son niveau essoufflé.

— Alors, ça été avec les copains, tu as bien joué ?

— Oui, mais Omar et son frère Rachid n'étaient pas là, lui dis-je.

— Ah oui, c'est vrai, ils sont partis chez leur tante qui habite dans une autre ferme.

— Ah bon ! Un des enfants m'a dit qu'ils sont morts, tués par des avions.

L'oncle paraissant un peu gêné détourna la conversation :

— Bon, demain, tu n'iras pas jouer avec les camarades, c'est la journée « spécial tonton »,

— Le matin, nous commencerons par une promenade à cheval, je t'ai réservé le plus sage des chevaux de la ferme. Nous irons jusqu'au grand rocher dans la montagne là-haut pour observer les cascades d'eau et voir les exercices de vols de la nichée des aiglons de cette année qui se trouve juste à côté.

— Ta grand-mère est dans les champs, là-bas, avec les moissonneurs. C'est Yasmina qui t'a préparé ton plat favori.

— Yasmina, ta fiancée, est-elle là aussi ?

— Euh... Non, non, c'est la fille de ta tante, elle s'appelle aussi Yasmina.

Le mystère demeurait à propos des copains Omar et Rachid et Yasmina, j'avais le sentiment que l'oncle me cachait bien des choses.

On rentra donc dans une grande chambre faisant office de salle à manger.

Il y avait là un grand tapis en laine de couleur sombre sur lequel était posée une table basse et ronde avec, autour, des poufs en cuir et d'autres en tissus brodés.

Deux autres oncles, une tante et ses enfants étaient déjà attablés.

Après les embrassades, nous nous assîmes, mon oncle et moi.

Arrivèrent deux jeunes filles, elles déposèrent, au beau milieu de la table, deux grands plats

Je reconnus vite mon mets préféré, de très fines feuilles cuites, coupées en petits morceaux et arrosées d'une sauce semblable à celle du couscous.

Nous commençâmes à manger.

Les adultes parlaient de choses et d'autres, de peu d'intérêt pour moi, d'ailleurs, ils discutaient des résultats de la récolte de l'année, de l'organisation de la prochaine fête qui clôture les moissons, et les gens de la région à inviter.

Un des oncles prit péremptoirement la parole :

— Déjà, avec le bombardement de la ferme d'Abdallah, il y aura au moins un tiers des habitants qui n'assistera pas cette année à la fête.

— Les uns sont morts, les autres ont rejoint le maquis.

— À ce propos, il va falloir sortir les fusils de chasse pour les graisser et nettoyer les fûts, car l'évènement est pour très bientôt.

Mon oncle et sa sœur faisaient des signes pour l'interrompre, probablement en raison de la présence des enfants.

Le lendemain, mon oncle vint me chercher à huit heures du matin pour la randonnée.

Nous nous dirigeâmes vers les écuries, puis vers mon fameux cheval sage, qu'elle ne fut pas ma surprise de voir qu'il ressemblait plus à un poney, bien que de grande taille, ce n'était pas un cheval, je fis la remarque à mon oncle.

— Je veux bien te confier l'étalon noir là-bas, mais tu seras à terre dans moins d'une minute !

— Et puis, tu n'as pas encore la taille d'un cavalier, avec Chérif, le poney, tu n'auras pas besoin d'un escabeau, dit-il avec un sourire taquin.

— Viens donc avec moi à la réserve, on va apporter des brosses et les brides.

Je sortis mon cheval poney de son box et mon oncle fit de même avec sa monture.

— Brosse ton cheval toujours dans le sens du poil et surtout son arrière-train, c'est le plus salissant, me conseilla-t-il pendant qu'il brossait son étalon.

— Et n'oublie pas de lui faire des caresses de temps en temps.

J'appliquai précautionneusement les consignes de l'oncle alors que le poney semblait être d'une indifférence décourageante.

Au bout de quelques minutes, l'oncle se dirigea vers moi.

— Allez, je t'aide à monter sur ton cheval, tu es prêt.

— Oui, mais je n'ai pas encore mis la selle, lui dis-je.

— Ah, ces citadins ! ici, on ne met pas de selle et pas une bombe protège-tête, on monte les chevaux à l'indienne !

Le plaisir de la promenade équestre s'estompa et mon appréhension vis-à-vis de ce casse-gueule sans selle allait crescendo.

Nous sortîmes de la cour de l'écurie, l'oncle en tête.

— Marche à une distance moyenne de cinq mètres derrière moi et ne laisse pas ton poney renifler le popotin de mon cheval !

L'aventure n'en était qu'à ses débuts, mais je ressentais déjà un bizarre antagonisme, le plaisir de l'aventure et la crainte de la chute.

Le fameux grand rocher où nous devions nous rendre en chevauchant était à une dizaine de kilomètres d'ici.

C'était vraiment une chaîne de montagnes, à part quelques zones d'alpage où paissaient les vaches et moutons de la ferme. On accédait par des sentiers étroits, pierreux, quelquefois au bord d'un précipice.

Sachant qu'il reste beaucoup à parcourir, avec un poney sans selle et un cavalier qui, pour toute expérience, ne monta qu'une ou deux fois par an sur le dos d'un cheval, et en terrain plat de surcroît.

La chevauchée périlleuse fut cependant agrémentée tout au long du chemin d'un paysage magnifique.

On apercevait au loin des grottes taillées naturellement dans les flancs des montagnes, des forêts en aval, des pieds de figues de barbarie accrochés aux rochers qui renvoyaient l'image d'un balcon fleuri et un magnifique jet d'eau naturelle qui se déversait dans la rivière.

La pente devenait de plus en plus raide et les obstacles aussi, les chevaux, comme par instinct, ralentissaient le pas en fonction du profil du terrain.

Notre progression était ponctuée de vols impromptus d'oiseaux et même des lapins qui déguerpissaient dès qu'on s'approchait de leur tanière.

À chaque fois, les chevaux marquaient un léger arrêt, mais sans être effrayés pour autant.

Je contemplais le ciel bleu-azur sans le moindre nuage, agrémenté d'une volée d'alouettes composant une chorégraphie en battant des ailes au-dessus de nos têtes.

Nous arrivâmes enfin au pied du fameux grand rocher.

Une œuvre majestueuse de la nature.

De grands rochers entrelacés, avec des trous de grottes en façade et au pied, formant comme des portes d'entrée de demeures, le tout ressemblant à une cité antique inoccupée.

Des chutes d'eau qui atterrissaient dans une grande piscine limpide entourée de rochers polis à hauteur de l'homme, des cascades espacées affluaient vers une rivière bordée d'arbres et d'arbrisseaux fleuris.

Un vrai paradis terrestre de la région.

Après un temps de contemplation, nous abreuvâmes les chevaux puis nous les attachâmes à l'ombre d'un arbre à proximité.

— Nous allons visiter une ou deux grottes là-bas puis on reviendra pour se baigner si tu veux, me dit l'oncle.

Nous nous dirigeâmes vers les grottes, l'entrée était modeste, mais qu'elle ne fut pas ma surprise en entrant, il y avait de grandes et petites galeries taillées naturellement dans le rocher, desservies par de longs couloirs.

Dans un recoin, les cendres d'un feu de bois, des pierres disposées autour comme pour servir de bancs.

Un peu plus loin, on apercevait dans une chambre des lits à même le sol servant probablement de dortoir.

Cela n'a pas l'air d'une tanière de renard, mais bel et bien d'un espace habitable par l'homme, me dis-je.

Chapitre III
La fausse randonnée

En sortant de la grotte, j'aperçus à l'entrée d'une autre grotte voisine un homme debout, un fusil en bandoulière, et deux autres qui se dirigeaient vers nous.

— Ce sont des chasseurs de la région. Attends-moi ici devant l'entrée, je reviens.

Des chasseurs, dit-il, si c'étaient les fameux fellaghas ?

Autant l'homme à l'entrée de la grotte avait un fusil de chasse comme celui de mon oncle, mais les deux autres étaient habillés en militaire et portaient, en bandoulière, des armes semblables à celles des gendarmes du village, des mitraillettes, je crois.

Il retourna immédiatement vers l'arbre où étaient attachés nos chevaux, récupéra son baluchon en forme de boudin qui semblait trop lourd à porter pour ne contenir que de l'alimentation.

Puis il alla à la rencontre des deux hommes.

À les voir s'embrasser, se faire des accolades nul doute que l'oncle les connaissait déjà.

Après de longues discussions ponctuées de gesticulations explicatives dont j'aurais tant aimé connaître la teneur, l'oncle quitta les deux hommes et se dirigea vers moi.

— Désolé pour cet imprévu !

— Et maintenant, allons voir la volée des aiglons à côté.

Nous arrivâmes dans un canyon, en haut des rochers, une lignée d'aiglons qui s'aventuraient à voler tour à tour, formant ainsi de superbes cercles en plein ciel.

Nous retournâmes ensuite récupérer nos chevaux et entamâmes, mon oncle en tête, la descente périlleuse des cascades.

Le chemin était effectivement abrupt, les chevaux descendaient pas à pas, avec prudence et précision, sous la paisible mélodie du ruissellement de l'eau.

À hauteur de la rivière, mon oncle se retourna vers moi.

— Je commence à avoir faim et toi aussi, je pense.

— Nous allons faire une halte chez Abdallah, c'est sur le chemin de retour, nous déjeunerons chez lui avant de rentrer.

— Qui est-ce Abdallah ?

— Abdallah, c'est l'oncle de Yasmina qui a été tué par les militaires, comme je te l'avais raconté en arrivant.

— Ta fiancée Yasmina est chez lui, alors ?

— Peut-être, tu verras ça en arrivant.

D'ailleurs, j'aurai une bonne et une moins bonne nouvelle à t'annoncer une fois là-bas.

La complicité avec mon oncle n'avait jamais été aussi entachée de secrets et de non-dits.

Nous voilà presque arrivés devant une construction apparemment neuve entourée de quelques gourbis.

— Bon, je vais te dire, avant d'entrer, la moins bonne des nouvelles.

— Tu vois, là-bas, sur le plateau, la ferme détruite ?

— Oui.

— C'était celle de l'oncle Abdallah. Elle a été entièrement rasée par des avions de l'armée française ; Il y a eu beaucoup de morts.

— Les terres de l'oncle ont été récupérées par les colons voisins, on ne lui a laissé que ce lopin de terrain pour construire ce pâté de maisons et y habiter avec quelques ouvriers et leur famille.

— Je t'ai menti à propos de tes camarades Omar et Rachid,

— Ils ont été tués lors de ce bombardement. Désolé...

Je ressentis un immense chagrin et cette nouvelle confirma, hélas, ce que m'avait dit en arrivant un des garçons de la ferme et dont les termes résonnaient encore dans mes oreilles : « *Matou, Matou, Tayara safra ! Ils sont morts, ils sont morts ! Ce sont les avions jaunes !* »

Nous continuâmes notre chemin quand vinrent à notre rencontre une jeune fille et une femme d'âge mûr.

Mon oncle fut chaleureusement accueilli et moi curieusement regardé.

— Voici le chouchou de maman ! L'horrible enfant de la ville, le fils de ma sœur.

Marhaba, Marhaba (bienvenue, bienvenue), répétaient-elles en me faisant à nouveau des bises.

— Qu'est-ce qu'il y a à manger tante, s'enquit l'oncle.

— Tu tombes bien, c'est le couscous du vendredi, aujourd'hui. Allez, entrez !

Nous pénétrâmes donc dans une modeste demeure avec, comme à l'accoutumée, un grand tapis au centre, une table basse au milieu et des poufs autour.

Une fois le plat de couscous déposé sur la table, je partis à l'abordage, cuillère en main !

Entre-temps, la tante de l'oncle lui demanda les nouvelles de la famille, puis lui dit :

— Tout est prêt, j'espère, pour demain, car ils sont déjà là.

Et comme si elle se ressaisissait, elle me dit :

— Va donc jouer avec les enfants, ils sont dehors.

Comme d'habitude, probablement des secrets à se confier entre adultes : je ne me fis pas prier pour rejoindre les enfants dehors.

Et nous voilà d'accord pour une partie de cache-cache.

Les enfants connaissaient déjà les meilleures planques et moi je me fiai au flair et à l'improvisation.

Je contournai la maison pour me cacher et me trouvai nez à nez avec un groupe de gens, autour d'un plateau sur lequel étaient déposées une théière et une assiette de gâteaux.

Ils étaient dans une espèce de véranda camouflée par des mottes de paille avec, au fond d'un coin, des fusils alignés leur fût vers le haut.

Ils étaient tous habillés de *cachabia*, un long manteau à capuche et de pantalons de treillis militaires.

Je fis aussitôt demi-tour et rejoignis les enfants, l'air un peu surpris.

L'un d'eux s'approcha de moi :

— Il ne fallait pas aller de ce côté, ce sont les maquisards descendus de la montagne !

— Ce sont eux qui tuent les gens ?

— Non, ils sont gentils avec nous, ils tuent seulement les Français méchants.

Je n'étais pas rassuré pour autant, eu égard à ce que l'on disait de ces fellaghas dans mon village.

J'abandonnai le jeu et me dirigeai immédiatement vers la maison pour rejoindre mon oncle.

En entrant, je m'aperçus qu'il y avait d'autres visiteurs

Trois autres jeunes hommes s'étaient joints à la tablée.

Mon oncle fit les présentations :

— C'est mon neveu.

Puis, se retournant vers moi :

— Les deux jeunes moustachus que voici sont les frères de Yasmina.

— Lui, c'est Mokhtar, le frère d'Omar et Rachid, tes copains, que Dieu ait leur âme.

— Bon, il faut qu'on y aille maintenant, suis-nous, Mokhtar ?

Nous nous dirigeâmes, mon oncle et moi, vers nos chevaux tandis que Mokhtar partait vers l'arrière de la maison.

Il nous rejoignit cinq minutes plus tard à dos de cheval, tirant avec une simple corde derrière, un âne lourdement chargé.

— Mohktar, on prend quel chemin, celui qui longe la rivière ou le raccourci de la forêt ?

— Le raccourci, c'est plus discret, répondit Mokhtar.

En cours de chemin, j'attendais la moindre occasion de m'approcher de l'oncle et de lui demander discrètement quelle était la bonne nouvelle qu'il devait me révéler et le questionner à propos des hommes armés que j'avais vus derrière la maison.

En milieu de forêt, Mokhtar était suffisamment éloigné de nous, un retard probablement dû à la lenteur de l'âne, et j'en profitai pour poser ma question à mon oncle :

— Oncle, tu ne m'as toujours pas dit la bonne nouvelle ?

— Ah, tu n'as pas oublié toi !

— La bonne nouvelle, c'est que nous irons voir Yasmina dans deux ou trois jours.

— Elle se souvient très bien de toi, car elle t'avait vu les années précédentes chez grand-mère, quant à toi, ce n'est pas sûr que tu te souviennes.

Chouette, enfin !

— Oncle, j'ai aussi vu des hommes armés derrière la maison tout à l'heure, ils m'ont fait peur, est-ce les mêmes fellaghas que ceux qui ont tué des gens dans ma région ?

— D'abord, ils ne s'appellent pas des fellaghas, mais des révolutionnaires ou, dans notre langue, des *moudjahidin*. Ce sont des honnêtes gens qui se sacrifient pour combattre les injustices et libérer notre pays de la colonisation.

— La plupart parmi eux avaient été spoliés de leur terre, réduits à la plus ignoble des pauvretés, privés de leur liberté, atteints dans leur dignité et parfois leur famille a été massacrée, comme ces derniers temps.

— Aurais-tu le courage d'entendre ce qui s'est passé pour tes camarades Omar et Rachid, par exemple ?

Il n'attendit pas ma réponse.

— Mokhtar, viens, approche-toi, on t'attend.

Nous arrêtâmes nos chevaux, il arriva à notre niveau.

— Raconte-nous comment cela s'est passé pour la ferme de l'oncle Abdallah.

Mokhtar, l'air triste, les larmes prêtes à couler, commença son récit :

— Il y a quelques mois, les colons voisins et le *cadi*, l'équivalent d'un juge, sont venus à la ferme de mon père. Il est sorti les accueillir. Sans même le saluer, l'aîné des enfants a menacé directement mon père en ces termes : Abdallah, tes bêtes ont brouté dans mon champ, je te préviens, la prochaine fois, je ferai saisir ton champ et tes bêtes aussi. Mon père a eu beau lui répliquer que ses bêtes n'avaient jamais dépassé la limite de notre propriété, les colons sont repartis tout en proférant d'autres menaces. Trois jours plus tard, deux avions jaunes sont arrivés à hauteur de la ferme et ont commencé à larguer des bombes. C'était un enfer, les gens sortaient des maisons et fuyaient dans tous les sens. Des corps gisaient par terre, les uns inertes, d'autres gémissants, ainsi que des bêtes mortes ou tentant de se relever péniblement. La ferme et les habitations autour étaient toutes en feu. Une fois les avions partis, les gens sont revenus identifier les corps. Des cris de douleur effroyables, insupportables. Des maquisards sont descendus de la montagne pour soigner les quelques blessés. On a dénombré pas moins de vingt morts, des femmes, des hommes et des enfants, dont mes deux frères Omar et Rachid, ajouta-t-il en sanglotant.

Le lendemain, les habitants des fermes voisines sont venus nous aider pour enterrer les morts.

La plupart des hommes jeunes ont rejoint les maquisards dans les montagnes environnantes.

Mokhtar était en pleurs, mes larmes coulées aussi.

— C'est un massacre de l'injustice, de la haine, murmura l'oncle.

Il s'installa un silence continu, interrompu par moments par le chant des oiseaux dans les arbres.

Nous arrivâmes à la ferme de grand-mère.

— Mokhtar, tu vas décharger le tout à l'école et tu nous rejoins après.

L'oncle et moi continuâmes jusqu'aux écuries.

Nous rentrâmes les chevaux dans leur box respectif.

Il restait encore un peu de temps pour aller jouer, mais je n'avais vraiment pas le moral pour cela.

Aussi rentrai-je directement à la maison.

Nous étions le samedi vingt août 1955 au matin.

Ma nuit avait été perturbée : agitation et rêve bizarre, probablement dus à tout ce que j'avais vu et appris la veille.

Grand-mère était là ce matin, elle se dirigea vers moi.

— Alors, l'horrible gamin ? Je ne peux même pas te prendre dans mes bras, tu es grand maintenant !

L'horrible gamin était le surnom que me donnait grand-mère depuis tout petit.

— Tu aimes toujours le lait frais ?

— Ah oui, *Nèna*[1] !

— Et te souviens-tu comment on trait une vache ?

---

[1] Équivalent de « Mémé ».

— Euh… pas trop.

— D'accord, va chercher un pot dans la cuisine et rejoins-moi à l'étable.

Du lait des pis de la vache à mes lèvres !

Je bus le lait tiède et crémeux sans retenue.

Grand-mère enchaîna :

— Aujourd'hui, tu ne descendras pas jouer avec les enfants sur la grande place. Tu joueras avec tes cousins ici, dans la cour ou devant la maison.

— Va donc les rejoindre.

Je suis parti aussitôt rejoindre les enfants

— Assassins de poussins ! cria l'air moqueur, un cousin dès mon arrivée parmi eux.

— Et toi, gobeur d'œufs, répliquai-je.

Le cousin faisait allusion à une année où, petit, j'avais étouffé une demi-douzaine de poussins.

Je les coursai, une fois capturé, je les étouffai involontairement en les serrant un peu trop fort dans ma main.

Nous sortîmes devant la maison.

Chapitre IV
Le début de l'insurrection

Voulant voir si des enfants étaient à la grande place où je jouais avec eux.

Ils n'étaient pas là, par contre il y avait beaucoup plus de personnes adultes que d'habitude.

Je pensai à la fameuse fête organisée en fin de récolte dans la ferme, mais visiblement cela n'avait pas l'allure d'une fête.

Mokhtar était parmi la foule, il distribuait à quelques-uns d'entre eux des fusils, probablement ceux qu'il avait transportés la veille, à dos d'âne.

Deux hommes habillés en militaires, mitraillette en bandoulière, ressemblant étrangement aux deux fellaghas que l'oncle avait rencontrés à côté des grottes, étaient là.

Ils rassemblaient les habitants par groupe d'une dizaine de personnes avec, à leur tête, un homme armé.

Je pensai tout de suite à une expédition punitive contre les colons et particulièrement ceux qui s'étaient mal comportés contre les fellahs des douars voisins.

Mais, l'arrivée en force d'hommes sur la grande place me paraissait disproportionnée pour une simple vengeance.

Un quart d'heure plus tard, ce furent des groupes de maquisards qui descendirent des montagnes, dont quelques-uns à cheval. Ils se dirigèrent également vers la grande place.

J'abandonnai le spectacle et m'approchai des petits-cousins, en quête d'informations.

Ils avaient l'air absorbés par leur jeu, indifférents à ce qui se passait.

Avant même d'arriver à leur hauteur, une jeune fille, blouse blanche et pantalon militaire, sortit de la maison et me héla :

— Viens me voir gamin !

Je me dirigeai vers elle en hésitant.

Elle me fit une tendre bise, puis dit :

— Tu ne me reconnais pas ?

— Euh non, un peu…

— Allez, viens avec moi, je vais te dire un secret !

Nous nous dirigeâmes vers une sorte de hangar en retrait de la maison.

À l'intérieur, il y avait cinq ou six matelas alignés sur le sol, une armoire à moitié ouverte contenant des médicaments et une table adjacente avec des instruments médicaux.

Sur un des matelas était couché un homme, fusil de chasse à portée de la main.

Il y avait une autre jeune fille habillée également d'une blouse blanche et d'un pantalon de treillis.

Elle vint me faire une bise, mais pas aussi tendrement que celle de Yesmina.

J'avais l'impression d'être la vedette de ce lieu à mi-chemin entre une infirmerie et un dortoir.

— Gamin, sais-tu jouer aux devinettes ?

— Oui.

Elle sortit de sa poche un taille-crayon en forme de grenouille.

— Alors, ça te rappelle quelque chose cet objet ?

— Oui, c'est mon taille-crayon.

— Et tu l'avais prêté à qui l'année dernière ?

— À une tata chez grand-mère, pour tailler son bâton de khôl, je crois.

Du coup, en la dévisageant, je compris que je l'avais bien rencontrée auparavant.

Elle continua :

— Te souviens-tu comment s'appelait cette tata ?

— Non.

— C'était moi, Yasmina, la fiancée de ton oncle

  — Il n'a cessé de me dire que tu voulais me rencontrer ; eh bien, me voilà.

Elle se baissa et me serra tendrement dans ses bras en me faisant une série de bises sur le front.

J'étais si heureux de la rencontrer.

Notre scène de tendresse fut interrompue par l'arrivée de mon oncle et deux autres oncles habillés en militaires, fusils en mains.

— Alors, tu as vu Yasmina ? C'était ça, la bonne nouvelle que je t'avais promise.

L'oncle s'adressa à ses deux frères :

— Vous allez rejoindre les groupes qui attaqueront le village, tout est prêt. Moi, j'irai avec les groupes vers les fermes des colons.

Puis il se retourna vers moi :

— Tu veux rester encore avec Yasmina, n'est-ce pas ?

Je répondis oui avec un grand sourire.

Les oncles repartirent immédiatement pour accomplir leur mission, sans doute.

— J'aurais bien aimé les accompagner pour punir les colons qui avaient fait assassiner mon père et mes deux frères, déclara Yasmina, d'un air mélancolique.

— Attends-moi ici, je vais changer le pansement du blessé. Il n'a pas de chance lui, il s'est blessé avant la bataille en nettoyant son arme !

Elle soigna l'homme puis revint vers moi.

Une question me brûlait les lèvres et je pris mon courage pour la lui poser :

— Yasmina, Tu es un fellagha, toi aussi ?

— Ne dis surtout pas « fellagha », devant ta grand-mère sinon c'est la fessée. Non, je suis une révolutionnaire pour libérer notre pays du joug colonial.

— Quand les militaires et les enfants du colon avaient assassiné mon père et mes deux frères, je me suis réfugiée avec deux autres frères dans la montagne voisine, puis nous avons rejoint les révolutionnaires.

C'est là que j'ai eu ma formation d'infirmière dans un hôpital clandestin et appris le tir, aussi.

En désignant l'autre fille qui arrivait vers nous, Yasmina ajouta :

— Fatima est ma cousine, elle avait échappé de justesse aux bombardements de la ferme de son père, Abdallah.

« Bombardements » : ce mot fit tilt dans ma petite tête.

— Fatima, tu connais mes camarades Omar et Rachid ?

L'air triste, elle me répondit avec une grande émotion :

— Oui, c'étaient mes deux jeunes frères.

Puis elle se retourna, comme pour cacher sa douleur.

J'étais peiné d'avoir posé la question.

Yasmina, voulant probablement rejoindre sa cousine Fatima pour la réconforter, me demanda :

— Tu sauras retourner seul à la maison ou je t'accompagne ?

— Oui, je saurais trouver le chemin seul, merci, tata.

J'embrassai Yasmina puis Fatima, je suis sorti aussitôt.

Arrivé à la grande cour devant la maison, je regardai ce qu'était devenue la foule réunie près de l'école, sur la grande place.

Je vis au loin une formation de plusieurs groupes, les uns empruntant la rivière, d'autres la lisière de la forêt, en marche vers le village le plus proche.

Deux autres formations partaient à travers champs, l'une vers l'est, l'autre vers l'ouest, probablement chez les colons mitoyens.

Il était à peine onze heures, j'avais encore du temps pour jouer. Je rejoignis les petits-cousins, dans la cour de la ferme.

J'étais stupéfait de leur indifférence à propos de ces manœuvres, un peu comme s'ils s'étaient préparés à cet évènement.

Le cousin Salah avait quatorze ans, un âge où, dans les campagnes, on ne joue plus avec les petits.

Il se joignait de temps en temps au groupe des enfants plus pour les surveiller que pour partager leur jeu, a fortiori, quand le turbulent enfant de la ville que j'étais se trouvait parmi eux.

Il était le seul à avoir fréquenté l'école française, il baragouinait le français avec un accent horrible et particulier en roulant les « r ».

Il avait été à l'école jusqu'au CM2, chez tante Myriam, qui habitait dans un village proche de la ferme.

Je me faisais un plaisir de le taquiner quand il parlait français. Il faisait de même, quand je parlais, un mélange d'arabe et de français.

Il est midi, l'heure du déjeuner, et nous nous dirigeâmes tous vers la maison.

Avant même d'arriver, nous entendîmes au loin des coups de feu qui s'amplifièrent progressivement.

Nous nous dirigeâmes vers la sortie de la cour.

Des coups de feu de différentes intensités, des déflagrations de bombes et des tirs de canons s'entendaient distinctement.

Ces détonations semblaient venir du côté où s'étaient rendus les groupes de maquisards et les paysans de la ferme.

J'avais tout de suite fait la liaison avec les attroupements dans la grande place et les ordres que donnait oncle à ses frères ; l'ampleur des combats semblait disproportionnée pour que cela puisse être une quelconque expédition punitive contre un colon.

Des femmes sortirent de leur maison, rejoignirent la grande place et lancèrent des youyous stridents, comme pour fêter un heureux évènement.

D'autres femmes pleuraient en suppliant Dieu de protéger leurs maris ou leurs enfants partis combattre.

Nous fûmes rejoints par les tantes, les cousines, grand-mère en tête du cortège.

— Que Dieu les protège ! Que Dieu les protège ! murmura-t-elle.

— Salah, Salah ! Emmène les enfants déjeuner, le repas est prêt.

Nous traînâmes un peu les pieds avant de rejoindre la cuisine en compagnie de Salah et d'une autre jeune cousine qui fera le service.

Il y avait déjà quelques autres enfants de la ferme que grand-mère avait réunis précédemment.

Nous étions une vingtaine d'enfants séparés en trois groupes autour de trois grands plats et je me précipitai traîtreusement pour être dans le groupe à côté de Salah.

Nous commençâmes à manger et les langues se délièrent progressivement à propos des évènements.

J'appris ainsi qu'une précédente attaque avait eu lieu il y a quelques mois, des maquisards s'étaient réunis de la même manière que cette fois-ci.

Ils avaient attaqué la gendarmerie et la caserne militaire du village, tué des soldats et récupéré des armes qu'ils avaient cachées dans les montagnes proches de la ferme.

Il y avait eu pas mal de morts parmi eux aussi.

Salah me somma de ne plus utiliser le terme péjoratif de fellagha, suivi d'explications dignes d'un adulte révolutionnaire :

— *Fellaghas,* ce sont les Français qui les appellent comme ça. Ce sont des révolutionnaires qui luttent pour l'indépendance de notre pays, l'Algérie, leur vrai nom, c'est *moudjahidin* ou *maquisards.* Ils luttent aussi pour récupérer nos terres que les colons nous ont enlevées quand ils ont colonisé notre pays.

> — Parmi les *moudjahidin* qui sont partis combattre aujourd'hui, il y a vos pères et oncles ainsi que ceux de vos camarades. Et si l'un d'eux ne revenait pas à la maison, ce serait un héros qui s'est sacrifié pour notre liberté à tous.

La cousine, qui faisait office à la fois de cuisinière et de chef de salle, ajouta une version complémentaire plus à notre portée, en expliquant :

Vous habiterez dans des maisons en dur à la place des gourbis. Vous n'irez plus chercher de l'eau à pied dans des sources lointaines, elle arrivera directement dans vos maisons. Vous n'aurez plus à aller chercher du bois dans la forêt, il y aura du gaz et de l'électricité dans vos maisons pour cuisiner et vous chauffer. Vous aurez des écoles pour faire des études et devenir médecins, ingénieurs, techniciens et chefs dans l'administration de votre pays indépendant. Vous ne travaillerez que lorsque vous serez adultes et plus dans les champs ni en tant que bergers, comme maintenant. Les militaires ou les colons ne tueront plus vos parents, vos frères ou vos sœurs. Les *moudjahidin* reviendront à la maison pour vivre en paix avec leurs femmes et leurs enfants.

Les enfants, tout en mangeant, écoutaient ces déclarations dans un silence religieux, leurs regards, bien qu'insondables, laissaient apparaître des mines soucieuses, surtout parmi les enfants dont les parents étaient partis au combat.

Des bombes, des coups de canons et de fusils ne cessèrent de retentir pendant notre déjeuner, jusqu'à devenir presque familiers à nos oreilles.

Une fois le déjeuner fini, nous nous dirigeâmes vers deux chambres distinctes pour la traditionnelle sieste.

J'étais dans le groupe d'enfants composé de la majorité de mes cousins, avec à leur tête Salah.

L'autre groupe, formé majoritairement d'enfants du voisinage et accompagné de la cousine, se dirigea vers la deuxième chambre.

Nous dormîmes sur des espèces de tapis matelassés posés à même le sol, les uns à côté des autres.

Que de chuchotements et de messes basses avant que tout ce petit monde ne s'endorme sous l'ardente chaleur de ce mois d'août.

À peine une heure après, je fus discrètement réveillé par la grand-mère qui me fit signe de la suivre.

Je lui emboîtai le pas jusqu'à la grande salle du salon.

Elle me fit signe de m'asseoir à côté d'elle puis dit :

— Ta maman demande que tu repartes, elle est inquiète à cause des évènements.

— Tu iras d'abord chez tante Myriam qui organisera ton voyage de retour, car il paraît que les trains et les cars ne roulent plus.

— Salah t'accompagnera à cheval chez Myriam demain matin, ce ne sera pas en calèche, mais à dos de cheval, donc tu ne pourras pas prendre tes affaires avec toi, je te les enverrai plus tard.

— Tâche de te coucher le plus tôt possible ce soir pour être en forme demain

Elle me serra tendrement dans ses bras, me fit deux bises et s'en alla.

C'était la plus forte déception que je connaisse depuis que je viens passer mes vacances chez grand-mère.

Rien ne semblait se passer comme à l'accoutumée.

J'avais le sentiment de vivre en direct les histoires des hors-la-loi ou des fameux fellaghas que l'on racontait dans ma ville avant mon arrivée ici.

Pire, non seulement j'étais dans le terroir même de ces maquisards ou révolutionnaires, mais en plus une bonne majorité de ma propre famille en faisait partie.

J'entendais parler de termes nouveaux que je ne connaissais pas, tels qu'*indépendance, révolution, colonisation*.

Je voyais des hommes, armes à la main, partir pour tuer ou se faire tuer, des enfants qui cachaient leur inquiétude pour leur père ou leurs frères, des mères qui redoutaient la mort de leurs fils ou de leur mari.

Et même entre nous, enfants, le dynamisme joyeux dans les jeux ou dans les farces était moindre tant les enfants étaient soucieux des conséquences de tous ces mouvements inhabituels.

Le soleil se couchait et les coups de feu et de canons baissaient en intensité, j'aperçus au loin 2 avions qui sillonnaient les airs à basse altitude.

Salah me fit signe de rejoindre les enfants dans la cour en ajoutant :

— Va les rejoindre, il reste un peu de temps pour jouer avant le dîner. Tu ne dis rien aux enfants à propos de ton départ de demain.

Je ne comprenais pas pourquoi je ne devais pas le leur dire et partir ainsi à la sauvette sans même leur dire au revoir.

Avant que je ne le quitte, Salah me rappela :

— Demain matin, nous partirons très tôt pour éviter les grosses chaleurs. Je viendrai te réveiller vers six heures.

— D'accord, lui dis-je.

Un peu de jeu, un dîner en groupe et au lit.

Cette nuit-là, je dormis dans un vrai lit, dans la chambre de grand-mère.

Comme prévu, le lendemain matin, Salah était déjà là.

À peine m'étais-je habillé qu'il me dit :

— Allons-y, on prendra le petit-déjeuner en route.

Nous nous dirigeâmes aussitôt vers les écuries.

Un superbe cheval alezan était déjà muni de sa selle.

Salah m'aida à monter à l'arrière , puis, avec une agilité impressionnante, il grimpa à son tour.

— Accroche-toi bien à moi pendant le trajet. C'est peut-être moins confortable que dans une calèche, mais c'est plus rapide et l'on peut passer partout.

Salah n'emprunta pas le chemin habituel, il longea une rivière à l'orée de la forêt, comme pour galoper discrètement.

À mi-chemin, il sortit d'un sac accroché à son cou le prétendu petit-déjeuner.

Il me tendit un morceau de galette à l'intérieur duquel il y avait une couche de beurre et une autre de miel.

Super-bon, bien qu'il me manquât l'essentiel, mon traditionnel bol de chocolat au lait.

Au bout d'une heure environ, nous nous trouvâmes non loin de l'entrée du village.

Il y avait des militaires, des chars postés à proximité, des jeeps et des camions chargés de soldats, entrant ou sortant du village.

Une vraie ambiance de guerre qui m'inspirait une grande peur.

Salah sortit du chemin et longea avec une appréhension visible la route goudronnée qui menait au village.

Nous approchâmes de l'entrée pour rejoindre l'écurie collective où les cavaliers en visite devaient laisser leurs chevaux, car il était interdit de circuler avec sa monture en ville.

Il y avait de part et d'autre de l'entrée des militaires qui contrôlaient tous les passants.

Nous fûmes interpellés à notre tour malgré notre âge, et invités à descendre de cheval.

Deux militaires, doigts sur la détente, nous tenaient presque en joue alors qu'un autre palpait le sac à casse-croûte de Salah. Il nous interrogea :

— Vous avez quel âge ?

— Quatorze ans pour moi, onze pour lui.

— Vous venez d'où ?

— De la ferme à côté.

— Et vous allez où ?

— Chez notre tante qui habite au village.

— Avez-vous rencontré des groupes de gens sur votre chemin ?

— Non.

Un quatrième soldat, qui paraissait être un gradé, fit signe à son collègue de nous laisser passer.

Ouf ! Nous avions été probablement favorisés par notre âge, car les autres passants ne semblaient pas être libérés aussi facilement.

Nous poursuivîmes à pied jusqu'à l'écurie. Salah confia le cheval à l'employé puis nous continuâmes jusqu'à la maison de la tante Myriam.

Il y avait dans presque toutes les rues du village des militaires ainsi que des civils avec un fusil en bandoulière.

C'est Myriam qui nous accueillit.

Elle avait une mine vraiment triste, elle qui, d'habitude, était toujours gaie et pleine d'entrain.

Nous rentrâmes à l'intérieur.

Tante Myriam prit immédiatement le combiné téléphonique et appela ma mère.

— Ton fils est chez moi, il est en forme. Ici, c'est un peu plus calme qu'hier. Par contre, il n'y a ni trains ni cars qui aillent vers chez toi, il faut demander à Ahmed de venir chercher ton fils en voiture.

— Ne raccroche pas, je te le passe, au revoir.

En prenant le combiné, rien qu'à sa voix, je devinai l'état de ma mère, qu'elle tentait de dissimuler.

Et bien qu'elle dît que tout allait bien, sa voix la trahissait.

Elle fit abstraction des évènements pour ne me parler que de la préparation de mon entrée au collège.

Ahmed arriva deux jours après, comme prévu.

Il nous raconta son périple pour venir jusqu'ici.

L'avantage avec Ahmed, c'est qu'il disait tout, sans aucune précaution oratoire, même en présence des enfants.

Il avait subi d'innombrables contrôles et fouilles de militaires ou gendarmes tout au long de son parcours.

Il avait été contraint de bifurquer à plusieurs reprises pour se frayer un chemin et éviter les lieux de conflits où il avait entendu çà et là des coups de feu.

Il cita particulièrement deux villes proches du lieu de son départ où les massacres intracommunautaires avaient fait le plus de dégâts.

Dans un village, des insurgés civils, avec à leur tête des maquisards, avaient attaqué férocement des Français, dont une famille entière.

Des militaires et des civils européens armés avaient répliqué avec une extrême violence en tuant à leur tour des centaines d'indigènes, tirant parfois à vue et sans sommation.

Dans une autre ville, et de la même façon, des civils encadrés par des maquisards avaient massacré une soixantaine d'Européens pour la plupart, leurs propres voisins.

Là aussi, la vengeance avait engendré une violence encore plus sévère.

Une véritable chasse à l'homme dans les rues avait été organisée par les militaires et les milices civiles françaises, tirant à vue sur tout indigène croisé sur leur chemin.

Des centaines d'indigènes regroupés dans un stade avaient été fusillés sous le commandement des autorités locales.

Ahmed finit par citer la quarantaine de villes et villages qui avaient subi le même sort avec plus ou moins de sévérité.

Dans mon coin, assis au côté de Salah, j'écoutais, dans les moindres détails, le récit d'Ahmed.

Je subodorais déjà le périlleux voyage de retour chez moi qui m'attendait dans un ou deux jours, selon les dires d'Ahmed, car il pensait qu'il aurait été préférable d'attendre que les choses se calment un peu.

Chapitre IV

Le retour de vacances

Trois jours plus tard, j'arrivai à la maison. Mais quel périple !

Pour une distance moyenne de quatre-vingts kilomètres, Ahmed avait circulé plus de six heures en bravant les dangers des zones de conflits sur le trajet.

Dans le village, des chars et des camions étaient parqués à l'entrée et un peu plus loin, des militaires patrouillaient un peu partout.

Moins de gens circulaient dans les rues et certains commerces étaient carrément fermés.

J'appris par la suite que les nouvelles que ma mère avait reçues de ma grand-mère expliquaient l'accueil exceptionnel que m'avaient réservé les parents.

Bon nombre de gens de la ferme qui avaient participé au soulèvement avaient été tués lors de l'attaque du village. Parmi eux, deux proches cousins, dont Mokhtar, le frère aîné d'Omar et Rachid qui avaient été eux-mêmes tués au cours d'un précédent bombardement de leur ferme.

Pour répliquer à l'attaque du village, qui avait coûté la vie à une dizaine de Français et entraîné la destruction de quelques édifices, les militaires avaient ratissé toute la région, arrêté et tué des paysans et brûlé leurs gourbis.

Le lendemain, je partis en priorité revoir mes amis Gabriel et sa sœur Madeleine.

Les portes d'accès au jardin et à la villa, qui d'habitude étaient grandes ouvertes, étaient verrouillées.

J'appuyai sur le bouton de la sonnette et attendis quelques instants.

C'est la mère qui ouvrit la porte, vint vers moi l'air contrarié, suivi de Gabriel.

Nous allâmes ensuite à l'intérieur de la villa, précisément dans le salon d'où Madeleine me fit un coucou à distance.

Je ressentais que l'accueil était moins chaleureux et que la mère de mes amis avait perdu son habituelle humeur cordiale.

Cela me paraissait à l'évidence lié aux évènements, car notre ville n'avait pas été épargnée par les attaques et massacres intercommunautaires qui avaient eu lieu ailleurs.

Ma visite impromptue fut écourtée, car ils devaient partir déjeuner chez un membre de leur famille en ville.

Avant que je ne les quitte, la mère me remit un paquet de biscuits qui n'égalaient pas ses succulents gâteaux faits maison. Ce geste me rassura, sa générosité à mon égard était intacte.

De là, je partis en quête de rencontres avec les autres amis français.

J'arrivai donc devant la demeure de Jean et Antoine, les fils du garde champêtre, une maison en retrait du village.

Les gens du village les appelaient aussi « les fils du rouge », car leur père Henri avait été un résistant communiste pendant la Seconde Guerre mondiale.

Nous les enfants nous nous moquions souvent en les appelant "la tomate" surnom qu'ils n'aimaient guère.

Je faillis rebrousser chemin, car, non loin de leur maison, stationnait un détachement de militaires, arme au poing.

Comme d'habitude, la barrière était entrouverte. J'arrivai à la seconde porte d'accès de la maison ; elle était fermée.

Habitué des lieux, je contournai la demeure pour aller dans le jardin qui se trouvait à l'arrière.

Jean et Antoine n'étaient pas là. Leur père Henri s'affairait à arroser les fleurs et les bosquets.

— Tiens, tu es là toi, alors, les vacances sont finies ?

Je lui répondis par l'affirmative en hochant la tête.

— Jean et Antoine sont encore en vacances, eux, ils reviendront juste avant la rentrée des classes, dans une semaine.

— As-tu déjà vu les autres amis ?

— Oui, Gabriel et Madeleine.

— Et pas de problème, tu les as rencontrés.

— Oui, mais ils partaient avec leurs parents pour déjeuner dans leur famille.

— Et chez François et Fernand, les fils de Gaston, l'adjoint au maire, tu as déjà été ?

— Non, pas encore.

— Je te conseille de ne pas y aller, tu risques d'être chassé avec un coup de pied dans le derrière. Le racisme de leur père à l'égard des autochtones s'est encore aggravé ces derniers jours, il est devenu comme enragé.

Georges, son fils aîné a constitué une milice locale qui traque les habitants sous une simple suspicion.

— Ton oncle Ahmed est toujours chez vous, à la maison ?

— Oui, c'est lui qui m'a ramené de chez ma grand-mère.

— Oui, je le sais, petit bonhomme, et dans sa voiture Citroën dont il ne cesse de vanter la mécanique à tous les clients qui montent dans son taxi.

Tu viens avec moi, je te donne une lettre que tu ne lui remettras qu'en main propre.

Monsieur Henri me remit une enveloppe que j'avais insérée immédiatement dans ma poche.

— Tu vas rentrer directement à la maison. Et évite de passer trop près de la patrouille de militaires, ils sont très nerveux en ce moment.

Conformément aux bons conseils de monsieur Henri, je renonçai à aller chez François et Fernand et pris également soin de ne pas frôler les militaires sur mon trajet.

À propos de monsieur Gaston, le père de Fernand, François et Georges, c'était le personnage le plus antipathique du village parmi la communauté européenne.

Il manifestait une haine indescriptible à l'égard du seul élu indigène qui siégeait avec lui à la mairie du village, un ancien combattant unijambiste qui avait perdu un pied à la bataille de Verdun sous le drapeau français.

Je pris le chemin du retour à la maison en bifurquant par la grande avenue du village, la plus animée, surtout en période d'été.

Il régnait une ambiance bizarre.

De part et d'autre de l'avenue, les deux brasseries principales étaient quasiment vides alors que d'habitude elles étaient bondées de monde et que l'on humait à distance l'odeur de l'anisette et des brochettes de *kémia*.

Les magasins dont les étals de marchandises débordaient traditionnellement sur les trottoirs étaient à peine entrouverts ou carrément fermés.

Des militaires patrouillaient inlassablement de bas en haut de l'avenue.

Je poursuivis mon chemin jusqu'à mon quartier.

Quelques enfants du voisinage étaient groupés devant l'entrée de la porte commune, les uns jouant aux billes, les autres discutant ou plutôt se chamaillant pour je ne sais quelle raison.

Malgré leur insistance, je ne les rejoignis pas et partis d'abord à la maison pour remettre la fameuse lettre de monsieur Henri à l'oncle Ahmed.

Avant même de l'ouvrir, oncle Ahmed m'interpella :
— Qui t'a remis cette lettre ?
— C'est monsieur Henri !
— Il est vraiment fou et imprudent. !

J'appris plus tard que j'avais servi, à mon insu, de facteur du FLN (Front de libération nationale) et que monsieur Henri, un des rares Français favorables à l'indépendance de l'Algérie, avait profité de mon âge pour faire passer un important message destiné au chef de la résistance de la région, et ce au nez et à la barbe des militaires français.

Il n'était pas si fou que cela, son stratagème reposait sur le principe qu'en confiant cette mission à un enfant de mon âge, les militaires seraient moins tentés de le fouiller comme un adulte.

C'est bientôt la rentrée des classes et chaque famille se consacrait à sa préparation.

Parmi notre groupe de camarades, certains entreraient en sixième au collège avec une certaine appréhension, d'autres, déjà expérimentés, passeraient en cinquième cette année.

Le collège local était snobé par les villageois et on lui préférait les collèges publics ou privés de la grande ville sise à une quinzaine de kilomètres de là.

Il est fort à parier que la majorité des camarades français feraient leurs études sous le régime de l'internat pour éviter les risques d'attentats qui visent les moyens de transport.

Quant à moi, le choix était déjà fait, mes parents avaient opté pour le collège local, leur portefeuille ne leur permettait pas de combler mes espérances d'aller dans un des collèges réputés de la grande ville.

Un souci constant ne cessait de me harceler depuis mon retour de vacances.

La reprise de contact avec mes camarades semblait se restreindre de jour en jour.

Ces échauffourées entre autochtones et Européens avaient visiblement terni les relations avec mes camarades français.

Les restrictions relationnelles imposées par leurs parents par crainte des risques d'attentats

Quant aux adultes, tout un chacun déversait sa rancune sur l'une ou l'autre communauté, entretenant ainsi un conflit dont on ne sait quelles seraient les implications à l'avenir.

L'arrivée progressive de contingents militaires et la formation d'une milice locale d'autodéfense française étaient loin de rassurer, elles engendraient au contraire davantage de crainte.

Un tel déploiement de forces et le quadrillage du village laissaient présager une véritable guerre dont on redoutait déjà le pire dans les mois ou les années à venir.

Entre-temps, nous, les enfants, prenions progressivement conscience de ces évènements qui venaient perturber notre camaraderie sans pour autant l'altérer fondamentalement.

Les bribes de discussions de nos parents que nous entendions subrepticement prônant la méfiance intracommunautaire et des restrictions de relations nous interpellaient certes, mais ne dégradaient pas les relations de notre petit cercle d'amis sauf à être un peu plus vigilants que d'habitude.

Côtés adultes, les habitants du village, l'esprit d'amitié et les fêtes aux odeurs d'anisette d'antan avaient laissé place au scepticisme et aux affrontements d'opinions à propos de cette guerre, laquelle, au coin de chaque rue, nous narguait par la présence disproportionnée de militaires, de barrages et de fils barbelés en plein cœur du village pour, nous disait-on, pacifier et maintenir l'ordre en Algérie.

S'ajoutait à cela la censure de manière systématique sur les médias (presses et radios) ou, à de rares exceptions, on ne pouvait lire ou entendre que les seules versions biaisées du gouvernement général de l'Algérie.

Des manchettes de journaux aux titres victorieux, annonçant des centaines de rebelles tués chaque jour, laissaient penser qu'il ne restait pas grand nombre de ces insurgés, que le calme et la paix n'étaient qu'une affaire de quelques semaines.

Cependant, personne n'était dupe, les Algériens voulaient obtenir leur indépendance, prendre leur destinée en main alors que la majorité des pieds noirs, communément appelés ainsi, voulaient maintenir coûte que coûte une Algérie française, comme elle l'avait été pendant cent trente-deux ans, ne cédant aucun de leurs privilèges à ces médiocres indigènes.

Il y avait certes des hommes pacifiques qui tentaient de concilier les antagonistes, mais leur voix était inaudible.

Par exemple, le vétérinaire, jouissant d'une notoriété parmi les deux communautés, sa sagesse étant illustrée par une métaphore que l'on aurait aimé la voir partager :

« Dans le monument aux morts du village, quarante-trois noms de soldats figurent sur la stèle pour la libération de la France pendant la Seconde Guerre mondiale. Vingt-sept d'entre eux sont des Algériens et seulement seize Français. La France ne leur doit-elle pas cette liberté, alors qu'ils nous ont permis d'acquérir la nôtre ? »

Ou encore, monsieur Henri, qui soutenait ouvertement l'indépendance de l'Algérie, il disait que :

« Les Algériens ont droit à leur indépendance. Les Français ont le droit de vivre dans le pays qui les a vus naître, eux et leurs aïeux, pour peu qu'ils renoncent à leur injustice et à leurs privilèges et traiter d'égal à égal les Algériens ».

Chapitre V
Quatre années plus tard

Ainsi, pendant les quatre années qui suivirent, les atrocités et la haine allaient crescendo, parfois le désir de vengeance sont devenus monnaie courante.

En cette année 1960, les enfants que nous étions hier sont devenus adultes, les uns en troisième, les autres en seconde.

Nous avions gagné en taille et en maturité aussi.

Gabriel était devenu un colosse d'un mètre quatre-vingt pour ses dix-huit ans alors que je faisais quant à moi à peine un mètre soixante-dix.

Sa sœur Madeleine s'était considérablement affinée, elle était de plus en plus belle. Elle était à peu près de la même taille que moi et j'étais encore plus amoureux d'elle qu'à douze ans.

Son succès auprès des garçons était indéniable et cela me rendait horriblement jaloux, comme si elle était déjà mienne.

D'autant que la concurrence s'était enrichie de jeunes et beaux garçons militaires des contingents de l'armée dont le nombre avait quadruplé dans le village.

De jeunes conscrits venus de métropole qui, aux dires de certains villageois, se plaignaient de sacrifier leur jeunesse dans une guerre inhumaine.

Ils étaient confrontés au dilemme entre l'obéissance du soldat, quitte à utiliser des méthodes barbares, et la conscience morale ou religieuse qui ne cessait d'interpeller un grand nombre d'entre eux.

Gabriel et Madeleine suivront leurs études en internat dans deux lycées dans la ville voisine et moi dans celui du village. Nous nous voyions moins souvent que par le passé et seulement le week-end.

Entre Madeleine et moi, notre amour s'est raffermi encore plus. Nous voulions le vivre au grand jour et le crier sur tous les toits, mais les traditions et surtout les commérages au demeurant ancrés chez les deux communautés particulièrement dans notre petit village nous obligeaient à vivre notre amour en cachette, usant de tant de subterfuges pour ne pas nous exposer à la vindicte publique.

Chaque fois que nous eûmes l'occasion de nous revoir, ces moments furtifs furent tellement intenses en amour et en émotion que nous oublions, parfois, les regards hostiles dans les recoins du village.

Gabriel s'était amouraché d'une lycéenne issue d'une riche famille arabe, Nadia était tellement belle que l'on se mettrait à genoux devant elle, signe, comme le disait Gabriel lui-même, que l'amour pouvait surpasser les convenances communautaires.

Il réussit à faire accepter par sa mère la venue de Nadia à la maison parentale dans le village, non pas comme petite amie, mais mensongèrement comme une collègue du lycée.

Madeleine, en confidence, me raconta la réflexion de sa mère ce jour-là : « Ma fille fréquente son jeune indigène d'enfance et voilà que mon fils à son tour s'amourache d'une belle autochtone ; ils ont de qui tenir, moi la mère juive qui épousa un goy français ; ainsi la boucle est bouclée ».

Gabriel, naguère opposé aux sentiments amoureux entre sa sœur et moi, est devenu carrément conciliant, voire complice de notre amour.

Il nous arrivait d'évoquer et de rire du temps où il jouait au gendarme pour soi-disant protéger sa sœur. Il admettait volontiers son harcèlement de l'époque, mais avait un argument de taille pour le justifier : c'était prématuré pour votre âge, nous disait-il.

Gabriel jalousait sa sœur, car elle rentrait chaque Week-End au village et, malgré les réticences, elle me rencontrait souvent alors que lui souhaitait de préférence rester en ville pour pouvoir sortir avec sa petite amie.

Madeleine, qui ne manquait jamais de bonnes idées, suggéra un plan enthousiasmant :

— J'ai la solution, nous allons demander à tante Gisèle de nous loger une semaine sur deux chez elle. Elle est super-gentille, plutôt débridée, te souviens-tu, Gabriel, quand elle nous racontait ses escapades amoureuses de jeunesse.

— Elle a de l'emprise sur notre mère, sa sœur, pour obtenir son accord et à nous la liberté incognito dans la grande ville contrairement à notre village où nous sommes épiés dans nos moindres faits et gestes.

— Mon Caramel, tu viendras me rejoindre forcément.

Gabriel et moi, nous nous regardâmes droit dans les yeux, époustouflés par la proposition de Madeleine.

Le jour suivant, Madeleine téléphonait sans tarder à tante Gisèle qui accepta volontiers d'intercéder.

Deux jours après, je reçois une lettre de la part de Madeleine, je la lisais avec une grande émotion, surtout les paragraphes suivants :

« Caramel, mon chéri

Tu pourras venir chaque mercredi, non pas pour me voir de loin, comme d'habitude, car je n'étais pas autorisée à sortir de l'internat, mais pour repartir toi et moi, ensemble, la main dans la main, avec la bénédiction de tante Gisèle.

Figure-toi, tante Gisèle a réussi à convaincre les parents d'héberger Gabriel et moi chez elle une semaine sur deux et, mieux encore, elle s'est portée comme garante, pour que je sorte librement la journée de chaque mercredi de l'internat. Tu ne peux pas t'imaginer, je suis folle, mais alors folle de joie. »

Ma joie fut exponentielle au fur et à mesure que je lisais le texte, et pour cause, cette liberté de pouvoir rencontrer Madeleine sans aucune contrainte, moi qui allais chaque mercredi pour juste l'entrevoir au travers le grillage du lycée sans pouvoir l'approcher ni lui parler.

A nous, les salles de cinéma, un lieu discret où se bécotent les jeunes amoureux, les balades, bras dessus bras dessous dans les jardins fleuris, le tout en incognito dans la grande ville, loin des regards réprobateurs et les rabat-joie de notre petit village.

Un seul souci, Madeleine sortira-t-elle seule pour aller chez sa tante, qui habite à deux cents mètres à peine du lycée, ou est-ce sa tante, qui viendra la chercher. De toute façon, connaissant les rapports complices que Madeleine entretient avec sa tante préférée, elle arrivera, dans les deux cas, à la convaincre de nous laisser sortir ensemble.

Le mercredi venu, je partais avec l'oncle Ahmed qui faisait la liaison taxi entre la ville et notre village. Il me déposa à proximité du lycée de Madeleine.

Cette fois-ci, j'étais à trois cents mètres à peine du lycée. Je rasais les murs d'une brasserie en jalousant les jeunes couples attablés à l'intérieur, je continuais mon chemin vers le lycée.

Avant même d'arriver à la hauteur du lycée, je voyais Madeleine accourir vers moi, j'accélérais le pas à mon tour puis à notre rencontre, un tendre baiser devant un public plutôt attendri que critique.

Madeleine, regard pétillant, m'annonça le programme de la journée :
- Nadia s'est accordée avec son voisin, propriétaire d'une des calèches qui font des excursions aux touristes, il nous promènera, autant que nous le voulions, les rideaux baissés, si tu vois ce que je veux dire !
- Gabriel et Nadia nous attendent en ce moment même
- Ensuite, tante Gisèle nous invite à déjeuner chez elle nous, Gabriel et Nadia à condition de ne rien révéler aux parents, ça lui rappellera ses escapades de jeunesse, disait-elle.
- Le bouquet final, nous irons voir un film dans les salles du cinéma. Peu importe d'ailleurs le titre, l'essentiel est d'être l'un à côté de l'autre et plein de baisers amoureux dans le noir bienveillant de la salle.
- Mais tante Gisèle ne me connaît pas, elle risque d'être réticente à mon égard non, lui dis-je.
- Tu parles, je la bassine avec notre amourette depuis l'âge de dix ans !
- En plus, elle avait vu ton manège quand tu venais les mercredis précédents et c'est pour cela qu'elle avait

demandé aux parents de l'autoriser à me sortir la journée du mercredi.

— Tu vois, il n'y a pas que moi qui t'aime, ma tante te trouve attendrissant.

J'avais les larmes aux yeux, Madeleine aussi.

Nous repartîmes à la rencontre de Gabriel et Nadia, en traversant le centre-ville, choisissant les chemins les plus discrets, en nous arrêtant à chaque centaine de pas, pour nous faire des baisers sans contrainte ni retenue.

Une journée de pur bonheur comme prévu, jamais nous n'eûmes une telle occasion d'être aussi proches physiquement et libres de nos passions. Nous n'avons cessé de bénir en ce jour la tante Gisèle sans qui nous n'aurions pas eu cette aubaine.

Une femme qui bravait toutes les conventions rétrogrades des trois traditions, chrétiennes, musulmanes et juives qui s'enchevêtraient entre elles comme par consensus.

Puis vint l'intolérable séparation, Madeleine regagna la prison dorée qu'était l'internat du lycée, moi vers la gare du village honni.

Sur le chemin du retour, je revivais ces moments de bonheur et me languissais déjà du mercredi prochain.

Chapitre VI
Le dilemme de l'engagement

Gabriel, sa sœur Madeleine, moi-même et Jean et Antoine, les fils d'Henri le garde champêtre, formions le groupe des cinq indéfectibles amis dont l'amitié s'était encore renforcée avec l'âge.

Gabriel et Madeleine se sont davantage impliqués dans leurs études, ils sont cités en exemple dans le village.

Jean et Antoine avaient quitté le village pour vivre chez une tante dans la grande ville, leur père craignait des représailles contre eux suite aux menaces qu'il avait reçues.

François et Fernand, dont l'extrémisme contre les autochtones de leur père Gaston avait fini par déteindre sur eux, s'étaient progressivement éloignés de notre groupe.

Ils avaient formé, avec d'autres camarades d'enfance, un deuxième groupe, plus nombreux, des partisans de l'Algérie française.

Ils furent d'ailleurs, avec leur père et Georges, leur frère aîné, en tête de cortège de la manifestation organisée dans le village en faveur de l'Algérie française, comme suite aux barricades des pieds noirs à Alger consécutives à la déclaration, en 1960, du général de Gaulle, faisant allusion à l'autodétermination de l'Algérie.

Fernand s'était engagé dans l'armée pour « faire la peau aux indigènes », disait-il ouvertement à qui voulait l'entendre.

Il s'était lié d'amitié avec le plus sinistre militaire du village, le lieutenant, et se vantait des opérations contre les « fells », abréviation du mot « fellagha » dans le jargon militaire.

François et son frère aîné Georges, cooptés par leur père, sont devenus des militants actifs du Front de l'Algérie française local, une organisation qui deviendra par la suite l'OAS.

Côtés copains indigènes, Saïd avait interrompu ses études pour rejoindre trois mois auparavant l'Armée de libération nationale, la branche armée du FLN.

Lorsque nous apprîmes la nouvelle, nous ne fûmes pas étonnés de son engagement avec les révolutionnaires algériens, quoique ne sachant pas si cela s'était fait par conviction pour l'indépendance de l'Algérie ou dans la crainte des menaces que lui proférait sans cesse Fernand, la jeune recrue de l'armée, dans la caserne militaire locale et fervent partisan de l'Algérie française.

En effet, alors que nous discutions de musique et séduction des jeunes filles du collège, Fernand et lui ne cessaient de se disputer jusqu'à arriver aux mains, l'un pour une Algérie française et l'autre pour une Algérie indépendante.

Saïd traitait Fernand de fasciste et Fernand le traitait à son tour de pauvre indigène, fils de fellagha.

Lakehal avait été enrôlé chez les harkis, un contingent de supplétifs algériens combattant sous le drapeau français contre leurs congénères.

La malchance voulut qu'il soit tué cinq mois plus tard dans un affrontement contre les éléments de l'ALN, la branche armée du FLN, lors d'un ratissage de l'armée française pour sécuriser une zone infestée de fellaghas, comme le disaient les militaires.

Il était en première ligne comme ses autres collègues-harkis dans ce genre d'opérations militaires.

Nous nous interrogions encore sur les raisons de son engagement comme harki dans l'armée française.

S'agissait-il d'une fuite en avant due à un problème familial, ou cherchait-il la gloire pour hisser son prestige, car son entourage se moquait un peu de lui.

En tout cas, tous ceux qui le connaissaient écartaient l'idée d'un engagement idéologique pour une Algérie française.

Quant à moi, alors que j'étais en vacances chez la grand-mère, je fus approché par le responsable politique du FLN de la région, il connaissait toute ma famille, il m'avait énuméré tous ceux qui avaient rejoint le maquis, ceux qui étaient tués lors des bombardements ou des accrochages avec l'armée française ainsi que ceux emprisonnés ou disparus en combattant pour l'indépendance de l'Algérie.

Sans le dire ouvertement, il m'avait laissé entendre que le moment était venu, pour qu'à mon tour, je participe à la révolution, non pas pour venger les membres de ma famille, mais combattre pour notre indépendance pour que de pareilles tueries ne se reproduisent plus.

Il disait qu'il allait me mettre en relation avec le responsable FLN local de mon village, qui m'indiquera comment y participer.

Il ajouta, comme pour gonfler mon ego, qu'à l'âge de douze ans déjà, j'avais accompli une mission, sans le savoir, consistant à faire passer un important document du FLN au travers les mailles de l'armée.

Devenu adulte maintenant, je dois m'engager davantage pour la défense de mon pays.

J'en conclus qu'il s'agissait de la fameuse lettre que monsieur Henri m'avait confiée pour la remettre à mon oncle Ahmed.

J'étais loin de penser que monsieur Henri et mon oncle Ahmed faisaient partie de l'organisation FLN dans le village et c'est probablement l'un d'eux qui me contactera à mon retour au village.

Effectivement, à mon retour au village, c'est l'oncle Ahmed qui me contacta, il était venu me voir à la maison et, étant donné l'étroitesse du logement familial, il me proposa d'aller chez lui.

Nous entrâmes dans une chambre en retrait, il referma immédiatement la porte derrière lui à clé, comme pour empêcher quiconque d'entrer.

Après un long discours de sensibilisation à la révolution algérienne en soulignant les glorieux martyrs membres de notre famille, il me fixa ma première mission d'estafette à titre d'essai, me disait-il :

Il me remit un cartable qui contenait quelque chose d'autre que des cahiers, que je dois déposer chez le marchand de brochettes installé juste en face de la principale brasserie du village.

Il me demanda également d'éviter les carrefours où peuvent se trouver des militaires ou des policiers.

Je devais revenir le revoir une fois cette mission accomplie.

Une heure après, je suis revenu le voir en lui disant que j'ai bien remis le cartable à son destinataire.

— Y avait-il des policiers près du marchand de brochettes ?
— Non
— Très bien.
— Tu connais la date de tes prochaines vacances scolaires ?
— Oui, c'est pour la fin de cette semaine
— Et pour combien de jours ?

— Quinze jours, lui dis-je.
— Ça te dirait de passer tes vacances à la ferme de grand-mère ?
— Oui, volontiers car je ne suis pas retourné depuis quatre ans au moins.
— D'accord, je vais arranger ça avec tes parents, tu reviendras me voir donc à la fin de la semaine.

Le lendemain, en rentrant du lycée avec quelques camarades, nous entendîmes une forte explosion.

Des militaires et une ambulance se dirigeaient vers la rue principale du village.

Nous avions eu juste le temps de nous y rendre avant le bouclage du quartier.

Aux dires des badauds, c'était un attentat à la grenade dans la brasserie jouxtant le fameux marchand de brochettes.

Les militaires encerclèrent le quartier et arrêtèrent tous les passants à proximité du lieu de l'attentat.

Nous apprîmes plus tard qu'il y a eu deux morts et quelques blessés, tous Français originaires de notre village.

J'ai tout de suite fait le lien avec le cartable remis au marchand en m'interrogeant si la bombe qui a servi à l'attentat n'était pas à l'intérieur.

J'ai également pensé aux parents de mes amis Français, en espérant qu'aucun ne faisait partie de cette tuerie, car cela risquerait de ternir notre amitié.

C'est le jour de départ en vacances, j'ai préparé quelques habits pour mon séjour chez la grand-mère.

Ahmed est venu lui-même en voiture pour m'accompagner.

Une fois arrivé à hauteur de la ferme, Ahmed bifurquait vers une autre direction sur une route non goudronnée qui, visiblement, mène vers les montagnes en hauteur de la ferme.

Il gara sa voiture sous un abri rudimentaire et avant de sortir de la voiture il commença à m'expliquer le pourquoi de cette expédition.

Les prétendues vacances chez la grand-mère n'étaient qu'un prétexte, en fait, je suis là pour suivre un entraînement militaire pour d'autres éventuelles missions.

Il m'invita à descendre et me dit :

— Nous allons continuer à pied

Nous empruntâmes un chemin escarpé qui mène à la montagne.

À notre arrivée, je vis des hommes habillés en militaire, les uns avec des armes et d'autres sans. C'est visiblement un poste de commandement des maquisards.

Deux hommes sont venus à notre rencontre, dont un instructeur à qui Ahmed me présenta en terme élogieux comme si j'étais un héros déjà.

Le poste de commandement était stratégiquement bien implanté.

Un terrain rocheux de plusieurs kilomètres, avant d'arriver au poste, un obstacle naturel qui empêcherait les chars de monter et l'on pouvait voir l'approche des militaires français dans un rayon de quinze kilomètres au moins.

Ce n'était pas une caserne classique, les maquisards vivaient dans des immenses galeries souterraines au plus profond des montagnes qui servaient de rempart même contre les bombardements de l'aviation.

Il y avait deux accès, un devant et un autre derrière qui sert d'issues de repli en cas d'attaque.

L'instructeur me dirigea vers mon futur lieu de vie, une galerie assez haute et vaste qui servait de dortoir avec une dizaine de paillasses à même le sol.

Il y avait d'autres jeunes âgés au plus d'une vingtaine d'années.

Ils avaient commencé leur formation déjà.

Je m'approchais de l'un d'eux pour connaître le déroulement.

Durant la première semaine, c'est une formation politique de sensibilisation des citoyens à la révolution algérienne.

Pour ce qui nous concerne, nous les jeunes, nous devions agir en milieu estudiantin, les mobiliser pour de futures manifestations, et si possible les recruter en tant que combattants.

La deuxième semaine était consacrée au maniement des armes les tirs de pistolets, la lancée des grenades. L'on nous apprenait comment opérer discrètement lors de nos missions ainsi que les rudiments de résistance à la torture, en cas d'arrestation.

Après ces deux semaines de vacances assez spéciales, je retournais au village.

Selon les consignes de vigilance du FLN, je ne pouvais rendre visite à ma grand-mère pourtant à quelques kilomètres seulement.

À peine arrivé, c'est à nouveau l'oncle Ahmed qui est venu me voir à la maison chez mes parents.

Aussi curieux que cela puisse paraître, ma mère ne me posa aucune question à propos de mes vacances supposées être chez la grand-mère.

Il me demanda d'aller le revoir chez lui, chose que j'ai faite le lendemain matin.

C'était le même scénario que la première fois, nous nous sommes isolés dans une pièce à part.

Il me demanda si mon séjour de formation, c'était bien passé, si j'avais besoin de plus d'informations.

Il enchaîna sur ce qui allait être ma nouvelle mission consistant à mobiliser les étudiants de mon lycée pour assister à une manifestation pacifique prévue dans un mois.

Il m'avait recommandé le plus de distraction possible dans la démarche.

Je ne comprenais d'ailleurs pas pourquoi cela devait se faire clandestinement, alors que dans le lycée, il y a à peine six mois, des étudiants français faisaient compagne pour des manifestations en faveur de l'Algérie Française publiquement et sans la moindre contrainte.

J'en fais la remarque à Ahmed, qui me répliqua immédiatement :

« Nous combattons pour l'indépendance de l'Algérie, pas encore pour la liberté d'expression »

Au bout de quelques jours, j'ai réussi à mobiliser le peu de lycéens indigènes dans mon lycée, aidé en cela par un incident que j'avais eu avec un professeur raciste qui ne cessait de dénigrer les indigènes.

Je lui avais balancé un plumier sans l'atteindre vraiment.

Le proviseur m'avait convoqué dans son bureau.

Il ne s'est pas contenté de me faire des remontrances, il avait déposé une plainte contre moi auprès de la gendarmerie.

Aux yeux de mes compatriotes, c'était un acte courageux de résistance tandis que les étudiants français voyaient en cela un acte de rébellion.

Le jour de la manifestation, nous avions suivi scrupuleusement les consignes du FLN, une manifestation pacifique et sans débordement quoiqu'il arrive.

Lors de cette manifestation, Kader et moi fûmes donc arrêtés par les militaires.

Beaucoup de manifestants le furent aussi, certains avaient été relâchés, d'autres subirent des interrogatoires dans la caserne militaire.

Nous nous réjouissions de passer aux mains des gendarmes, car le lieutenant du village, épaulé par Fernand et Georges, les nouvelles recrues, sont des tortionnaires à l'intérieur même de la caserne du village, d'ailleurs Fernand et son frère Georges ne s'en cachaient pas.

Un autre sinistre personnage du même acabit, réputé pour ses exactions dans le village, était un sergent, ancien repenti du FLN.

Nous devions notre salut d'être des mineurs, âgés d'à peine dix-sept et dix-huit ans, mais c'est surtout l'intervention du père de Madeleine et de son ami le juge de paix qui nous épargna de justesse d'être confiés aux militaires.

En effet, pour une action bien moindre que la nôtre et parfois sur simple suspicion, des indigènes étaient emprisonnés et torturés lors des interrogatoires dans la caserne du village.

Nous fûmes donc transférés de la caserne militaire à la gendarmerie, puis internés dans une même cellule, jouxtant d'autres cellules dans la grande cour de la gendarmerie, en attendant notre interrogatoire le lendemain.

Dans la gendarmerie, il n'y avait certes pas autant d'hommes en tenue que dans la caserne militaire, mais l'effectif était inhabituel pour une gendarmerie de village, car pas moins d'une trentaine de gendarmes et d'auxiliaires occupaient les lieux.

Pendant la guerre d'Algérie, les gendarmes, outre leur mission traditionnelle de maintien de l'ordre, étaient également impliqués dans le renseignement et la traque des révolutionnaires algériens.

Avant d'entrer dans notre cellule, nous eûmes le temps de faire un repérage du lieu.

À l'angle de la lignée des cellules, il y avait un tonneau, trois gendarmes et un prisonnier torse nu, ses mains ligotées dans le dos.

C'est probablement pour la « torture de l'eau », connue sous l'appellation de « la baignoire », une technique consistant à faire suffoquer la victime afin d'obtenir des aveux.

D'ailleurs, le prisonnier était entièrement mouillé et affichait une tête désespérée.

Dans les cellules à côté de la nôtre, nous entendions des hommes geindre ou crier leur innocence tout en frappant des mains contre la porte de leur cellule.

J'avais déjà eu affaire aux gendarmes il y a deux mois, une plainte contre moi avait été déposée par le proviseur de mon lycée pour avoir lancé un plumier contre un professeur.

L'interrogatoire s'était passé simplement dans les bureaux de la gendarmerie. Le procès-verbal de l'officier de gendarmerie de l'époque avait conclu qu'il n'y avait pas lieu de poursuite, mais qu'il garderait néanmoins l'enquête ouverte dans l'hypothèse d'une récidive.

Après une enquête à l'intérieur même de mon lycée, les gendarmes avaient recueilli des déclarations selon lesquelles j'étais, un des organisateurs de la manifestation, ayant distribué des tracts de propagande, invitant les collégiens à se joindre à la manifestation pour l'indépendance de l'Algérie.

La cellule où nous fûmes internés était exiguë, deux banquettes en ciment nous servaient de lits, mais il était tellement inconfortable de dormir dessus que nous restâmes recroquevillés toute la nuit.

Pire que l'inconfort de la cellule, les interrogatoires et tortures des occupants des autres cellules continuaient sans arrêt, c'était notre plus grande hantise, quand nous entendions les pas des gendarmes proches de notre cellule, était de savoir qui de nous deux sera le prochain, pour subir des sévices.

On avait beau s'armer de courage, il y avait eu tellement d'injustices ces dernières années que nous envisagions le pire.

Kader était un peu moins anxieux que moi, car c'était sa première arrestation.

Il pensait également que notre jeune âge, synonyme d'irresponsabilité, nous serait favorable pour nous disculper.

Quant à moi, je craignais que les gendarmes ne me ressortent le dossier de ma précédente audition.

Huit heures du matin. La porte de notre cellule grinça et deux gendarmes apparurent :

— Qui de vous deux s'appelle Kader ?

Kader leva le doigt.

— Venez avec nous !

Kader sortit avec les gendarmes qui verrouillèrent immédiatement la porte de la cellule derrière eux.

L'attente fut longue et angoissante.

Je craignais que Kader et moi allions être poursuivis comme les organisateurs de la manifestation et non pas comme de simples manifestants.

Pourtant ce n'était qu'une simple manifestation pacifique et sans débordement pour faire contrepoids à celle organisée précédemment par des Européens partisans de l'Algérie française.

Ma hantise était que Kader craque au moment de l'interrogatoire et révèle notre vrai rôle.

Visiblement, il n'était pas assez solide pour affronter ces épreuves.

En effet, lors de la manifestation, nous avions assisté à la plus sévère des catastrophes : deux morts, une dizaine de blessés et pas moins de cinquante personnes arrêtées par les militaires.

Kader avait surtout peur de notre ami d'enfance, Fernand, qui participait, aux côtés de son idole, le lieutenant à la répression des manifestants.

Fernand manifestait une haine démesurée à l'égard des autochtones, il mettait mal à l'aise même nos camarades européens à force de théoriser sur l'Algérie française, les musulmans et l'indépendance de l'Algérie.

Kader, en particulier, était dans le viseur de Fernand, car il appartenait à une grande famille révolutionnaire partisane de l'indépendance de l'Algérie.

D'autant plus qu'un des frères de Kader était à l'origine d'un attentat à la grenade dans la brasserie du village qui avait fait deux morts et des blessés, tous européens, dont un enfant de cinq ans.

Pour ces raisons, Kader était persuadé que Fernand n'attendait qu'une occasion pour l'arrêter et le torturer, voir le tuer.

Seul dans ma cellule, le temps semblait stagner.

J'envisageais dans ma tête tous les scénarios possibles, du plus clément au pire.

Je faisais moi-même les questions et les réponses de mon prochain interrogatoire.

J'espérais revoir Kader avant d'aller à mon tour affronter le calvaire, pour au moins deux raisons : voir physiquement s'il portait des traces de tortures et surtout savoir ce qu'il avait pu dire aux gendarmes lors de son interrogatoire.

Peine perdue, Kader ne revint pas.

C'est mon tour, la porte de ma cellule s'ouvrit et je sortis, encadré par deux gendarmes à mon tour.

Seule consolation immédiate, ils me dirigèrent vers les bureaux administratifs de la gendarmerie et non pas dans la cour où était installé le système de la torture à l'eau.

Nous entrâmes dans un bureau. Deux gendarmes se mirent côte à côte face à moi, le troisième, derrière eux, s'installa sur un petit bureau équipé d'une machine à écrire, feuilles de papier et de carbone déjà introduites, prêt à recevoir mes déclarations.

— Vos noms et prénoms ?

— Mohamed Y.

Encore un Mohamed, devait se dire le gendarme (ce nom du prophète et celui de Fatma, sa fille, sont les plus répandus en Algérie et dans les pays d'Afrique du Nord. La tradition veut que le premier garçon d'un couple se nomme Mohamed et la première fille, Fatma ou Fatima. Un peu comme Marie, Jésus ou Moïse dans la religion catholique ou juive).

— Bon, tu sais pourquoi tu es ici.

— Oui, j'ai manifesté, je n'ai rien fait de mal.

— Bon, écoute. *Primo*, tu n'es pas là que pour la manifestation. *Secundo*, je t'explique comment nous allons procéder : tu nous dis la vérité sur tout ce que nous allons te demander, et ainsi, tu sortiras libre.

— Par contre, si tu joues au malin avec nous, ça se passera très mal pour toi.

Le second gendarme ajouta, comme pour me menacer :

— Ton ami Kader a été transféré à la caserne militaire chez Fernand, un de tes amis d'enfance qui ne peut pas vous pifer, si tu vois ce que je veux dire !

L'autre gendarme reprit :

— Avant de revenir sur ta participation à la manifestation, j'ai trois questions à te poser.

— As-tu distribué des tracts du FLN appelant à la manifestation ?

— Qui était avec toi ?

— Quel est le responsable FLN qui t'avait remis les tracts ?

Tout en écoutant les questions du gendarme, une chose me taraudait l'esprit.

Kader a-t-il été transféré chez Fernand, son ami d'enfance qui le déteste.

Je réfléchissais en même temps à la façon de répondre aux questions des gendarmes.

Je m'attendais à être interrogé sur ma simple participation à la manifestation et me voilà embourbé dans d'autres actions plus sérieuses.

Les deux gendarmes, impassibles, écoutèrent mes réponses tandis que le troisième dactylographiait ma déclaration.

Et comme pour interrompre le long silence, j'ajoutai :

— J'étais dans le cortège des manifestants par simple curiosité sans en connaître l'objet de la revendication.

Le gendarme me recadra :

— Nous reviendrons plus tard sur la manifestation.

— Bon, si tu continues de nier, tu sais ce qui t'attend, on te renvoie chez les militaires comme ton ami Kader, crois-moi, il souffre, en ce moment avec Fernand et le lieutenant.

— Nous, on connaît la vérité, un membre du réseau FLN a été arrêté et il a tout avoué lui, alors, soit tu nous dis la vérité, soit tu continues de nier et ça ira mal pour toi.

- Tu as remis l'arme qui a servi d'attentat dans la brasserie du village.
- C'est toi qui avais distribué des tracts et mobilisé les étudiants pour se joindre à la manifestation.
- C'est encore toi et Kader qui coordonniez le déroulement de la manifestation sous l'égide d'un responsable du FLN.

Je niai en bloc toutes les accusations.

— Bon, nous allons donc te confronter au responsable du FLN qui a avoué !

Les deux gendarmes sortirent du bureau et j'attendis la peur au ventre, de voir la tête de cette « balance » qu'était le responsable du FLN.

Je restai donc seul avec le troisième gendarme qui cessa de dactylographier mon audition.

Il prend la relève de l'interrogatoire sur un ton très conciliant :

— Écoute, je suis père de famille, j'ai un fils de ton âge et je connais donc la fougue des jeunes. Avoue ce que nous te demandons avant d'être confronté au témoin.

La stratégie psychologique du gendarme se voyait comme une étiquette collée sur son front.

— Je ne sais absolument rien de tout cela, à part ma simple présence dans la manifestation, lui répondis-je.

Quelques minutes plus tard, les deux autres gendarmes revinrent dans le bureau sans le prétendu témoin.

Ils me firent lire et signer le procès-verbal d'audition, puis ils m'accompagnèrent jusqu'à ma cellule.

Un peu plus d'une heure plus tard, la porte de ma cellule s'ouvrit, les gendarmes me menottèrent puis m'emmenèrent à la camionnette de gendarmerie.

En montant dans la camionnette, je vis que Kader était là aussi, menotté et assis entre deux gendarmes. Il ne présentait visiblement aucun signe de torture.

J'appris plus tard qu'il n'avait jamais été transféré chez le lieutenant et Fernand, c'était une simple ruse des gendarmes pour me faire avouer.

J'essayai, au cours du parcours, de reconnaître les lieux à travers les vitres grillagées de la camionnette.

C'est visiblement vers le tribunal civil et non pas vers la caserne militaire que nous nous dirigions.

Arrivés au tribunal, nous fûmes entendus séparément par le juge d'instruction, moi en premier.

Après une heure face à lui et à son greffier, le juge me résuma le verdict :

— Vous êtes poursuivi pour les faits que je vais vous énumérer, en faisant signe au greffier de noter :

- Propagande et distribution de tracts hostiles à la France, sous l'égide d'un responsable du FLN.
- Organisation et coordination d'une manifestation non autorisée.

Par mesure de précaution, j'ordonne votre incarcération dès aujourd'hui à la prison du village.

— Avez-vous quelque chose à ajouter ?

— Monsieur le Juge, je n'ai rien fait de tout ça, à part ma participation à la manifestation !

— Vous vous expliquerez sur le fond devant le tribunal lors de vos prochaines comparutions.

- Greffier, faites entrer les gendarmes pour la prise en charge du prévenu.

Comme par désarroi, j'ai protesté contre cette injuste condamnation et, dans ma nouvelle fougue de nationaliste, je rajoutais :
— Monsieur le juge, pourquoi suis-je ainsi condamné pour une simple manifestation pacifique alors que de jeunes français sont à leur énième manifestation sans être poursuivis en justice.

Le juge fit une grimace en ajoutant :
— N'aggravez pas votre sort, car je pourrais vous inculper de rébellion contre les autorités de justice.

Kader, lui, fut plus chanceux. Le juge ne retint contre lui que sa participation à la manifestation.

Il fut libéré immédiatement après son audition avec la contrainte de ne pas quitter le village jusqu'à sa prochaine comparution.

Redoutant la prison, j'acceptais néanmoins mon sort comparé à un jugement plus sévère du redouté tribunal militaire.

Et, allez savoir pourquoi, une fois en prison, il me vint soudainement un souvenir :

Il y a à peine quinze jours, je fêtais l'anniversaire de mes seize ans révolus avec des copains et, parmi mes amis favoris, Gabriel m'avait offert le livre *Les Justes* d'Albert Camus et Madeleine, celui de *Roméo et Juliette* de Shakespeare. Concernant le livre que m'avait offert Madeleine, je m'interrogeais alors sur le symbole de cet ouvrage. Était-ce pour me rappeler notre serment d'amour, que nous renouvelions à chacune de nos rencontres, ou m'invitait-elle à méditer les phrases qu'elle avait soulignées dans ce livre comme naguère nous le faisions avec les romans d'amour. J'avais lu et relu les phrases presque au détriment du reste de l'histoire qui, si elle m'enchantait par l'ardeur de l'amour entre Roméo et Juliette, m'horrifiait quant aux difficultés de leur amour et la fin tragique des amants.

Au village, c'est surtout parmi mes camarades que le débat sur les raisons de mon internement suscitait le plus d'interrogations.

Et quelle ne fut pas ma surprise d'apprendre que Madeleine avait pris ma défense avec virulence, face à Fernand, devenu, avec son frère Georges, la terreur du village :

— Non, mais ! Tu n'as pas été emprisonné, toi, quand tu as manifesté pour l'Algérie française l'autre fois ?

Il paraît que le Fernand était resté complètement désarmé face à la réplique de Madeleine.

— Ah bon ! Tu défends les bougnoules toi maintenant, lui répliqua-t-il.

Et Madeleine d'ajouter :

— C'est mon ami d'enfance qui vaut bien mieux que toi et ne t'avise pas à me tourner autour, vaurien !

Je m'enorgueillissais de sa position tranchée, surtout face à Fernand.

Il faut dire que Madeleine et moi ainsi que son frère Gabriel formions le groupe d'amis le plus fidèle depuis l'âge de six ans.

Nous étions cul et chemise jusqu'à la sixième, où nous avions commencé à nous voir moins souvent.

D'abord, parce que les parents de Madeleine et son frère Gabriel les avaient envoyés poursuivre leurs études secondaires en internat dans des collèges de la grande ville environnante.

Ensuite, les évènements de la guerre avaient restreint les relations d'amitié qu'entretenaient quelques familles des deux communautés.

Cependant, entre Madeleine et moi, l'amitié de l'enfance s'était transformée progressivement en amour platonique puis en un véritable amour-passion et nous profitions de la moindre de nos rencontres.

Au commencement, nous échangions en catimini des romans d'amour, avec pour consigne de cocher discrètement au crayon, sur les pages du roman, la scène ou la déclaration d'amour que nous avions le plus aimée.

Nous dévoilions ainsi pudiquement nos sentiments réciproques.

Le plus beau geste d'amour avait été, à cette époque-là, de joindre ma main à la sienne, sous la table, lors d'un goûter chez ses parents et à l'insu de son frère vigilant.

Ou encore ce même jour, la tentative d'un baiser derrière la villa et qui n'avait même pas eu lieu, interrompue par ce même frère Gabriel toujours à nos trousses.

C'était à l'aube de nos quinze printemps que débuta la plénitude de notre amour et naissait, par là même, notre ingéniosité à le vivre, clandestinement parfois, pour contrecarrer un environnement hostile, imbu d'interdits et de traditions rétrogrades.

Voilà bientôt trois mois que je suis en prison.

Mon statut de prisonnier préventif me privait de recevoir des visites, pas même celle de ma mère qui venait chaque samedi, s'asseyait au pied de la porte de prison, pensant ainsi sensibiliser le directeur pour la laisser me voir en vain.

Madeleine qui m'écrivait presque chaque jour du lycée quand j'étais à la maison et mes autres amis ne pouvaient m'écrire, car dans la schizophrénie de cette sale guerre, il fallait mieux s'abstenir au risque d'être suspecté de complicité.

Dans cette prison, il y avait surtout des prévenus, car c'était une prison de transit.

Il y avait également deux condamnés à perpétuité, des militants du FLN que l'administration pénitentiaire transférait de prison en prison pour ne pas leur laisser le temps d'endoctriner les prisonniers.

Pourtant, en moins d'une semaine, ils avaient expliqué, à qui voulait l'entendre, tous les détails de l'insurrection algérienne, depuis le massacre de Sétif de 1945 à nos jours, avec la ferme conviction que l'Algérie sera libre et indépendante, quoi que fassent les Français, disaient-ils.

Leur bla-bla à propos de la guerre d'indépendance était plus au moins compris par l'auditoire, car tout un chacun vivait les affres de la guerre d'Algérie.

Mais là où tout le monde ne comprenait plus leur charabia, c'est lorsqu'ils commencèrent à évoquer l'histoire antique de l'Algérie et des Algériens, ils disaient chacun à son tour :

— Depuis l'occupation de l'Algérie, la France avait commencé par vous acculturer.
— Détrompez-vous, l'histoire de la France n'est pas la vôtre et les Gaulois n'ont jamais été vos ancêtres.
— Vos ancêtres à vous ce sont les Berbères, ces Imazighen que sont les Algériens d'aujourd'hui depuis des millénaires.
— Vous n'êtes pas des Gaulois, mais des Numides et votre roi n'est pas Charlemagne, mais Massinissa qui unifia l'empire numide de l'est à l'ouest de l'actuelle Algérie bien avant que Charlemagne ne le fasse pour unifier la Gaule.

Pour finir, les deux acolytes révolutionnaires, comme pour gonfler l'ego de chacun de nous, ajoutèrent :

— Depuis la nuit des temps, vos ancêtres au courage légendaire défendirent à chaque fois leur territoire pour préserver leur liberté et leur indépendance.

— Soyez fiers de vos origines et reprenez la bataille de vos aïeux pour défendre notre chère Algérie contre l'occupant.

L'auditoire semblait plus entendre qu'écouter, car à part quelques bribes d'histoire transmises par voie orale chez certaines familles, le reste de la population algérienne ignorait ses origines et son histoire, aidée en cela par un taux d'analphabétisme et la réduction de la personnalité algérienne volontairement entretenue par l'occupant.

La seule chose dont je me souvenais, c'était le nom du roi Massinissa dont ma mère m'avait déjà parlé et à qui d'ailleurs, j'avais dissimulé que lors d'une promenade champêtre moi et quelques camarades, nous nous cachions derrière la sépulture de ce grand roi, pour faire nos besoins en pensant que c'était un vulgaire tas de pierres.

Je crois que c'est la seule prison où l'on mangeait un bon couscous.

Des habitants en face de la prison nous déposaient chaque vendredi, des plats de couscous, un jour de charité en Islam.

Un jour, je reçus la visite d'un avocat, il se présenta comme mon avocat désigné d'office pour me défendre devant le tribunal pour une audience prévue dans une semaine.

Il m'annonça que seule ma participation à la manifestation a été retenue.

Il m'apprit qu'un autre avocat avait plaidé, également en ma faveur.

Ce dernier avait présenté au juge une brochette de notables pour témoigner de ma probité.

Mes anciens instituteurs, les deux professeurs des collèges, le père de Madeleine et son ami le procureur, Henri le garde champêtre, tous étaient de la partie.

Les chefs d'accusation concernant la distribution des tracts dans le lycée ainsi que l'organisation de la manifestation avaient été abandonnés.

Optimiste, il me conseilla de maintenir simplement la version de la première déposition donnée lors de la précédente audience devant le juge d'instruction.

Je repartis vers la cour de la prison à la fois soulagé et confiant.

Effectivement, une semaine plus tard, le juge ordonna ma liberté provisoire avec astreinte de ne pas quitter la région en attendant mon jugement définitif qui aurait lieu au tribunal dans environ six mois.

Quand je rentrai au village après ces insoutenables mois de prison, les amis et voisins arabes me réservèrent un accueil des plus chaleureux. Que de va-et-vient dans les deux minuscules chambres de mes parents !

À mon grand regret, mes amis français n'étaient pas de la partie, non pas par manque d'amitié, mais surtout à cause de la psychose d'assassinat qui règne entre les deux communautés.

Mais c'était sans compter sur ces camarades dont l'amitié d'enfance demeurait indéfectible, prête à braver les conventions établies.

Ainsi, le samedi suivant, c'est chez monsieur Henri que nous nous retrouvâmes comme lorsque nous étions enfants.

Antoine et Jean la tomate, avec la complicité de leur père Henri, organisèrent une petite fête en mon honneur en conviant mes deux autres amis, Madeleine et Gabriel.

Nous formions tous, depuis la préparatoire jusqu'à aujourd'hui, seize et dix-huit ans au plus, un groupe qui avait surmonté les vicissitudes communautaristes.

Les enseignements respectifs au collège et au lycée avaient développé nos facultés de réflexion et, comme par un tacite accord, nous mettions les belligérants de cette innommable guerre dos à dos.

Nous étions tous autour d'une table garnie d'un superbe gâteau au chocolat et des sodas.

Avec la complicité de Madeleine, nous nous retrouvâmes face à face, nos pieds s'adonnaient ainsi, au-dessous de la table, à une chorégraphie sentimentale.

Nous tentions, difficilement, de cacher les émotions que trahissaient nos visages, car madame Henri était assise avec nous.

Gabriel, qui faisait semblant de ne rien voir, s'approcha de moi, visiblement conciliant, puis me chuchota :

— Attends un peu que madame et monsieur Henri partent, nous avons prévu de faire une superbe fête.
— Les petites amies de Jean et Antoine ainsi que Nadia vont nous rejoindre juste après.

Madeleine, l'air bougonnant, s'adressa à son frère :

— Mouchard, c'était à moi de le lui dire !

Monsieur Henri vient juste d'arriver, il se dirigea directement vers moi, avec un air faussement sérieux :

— Alors, petit voyou ! Tu manifestes maintenant avec le FLN pour ton indépendance ?

Madeleine partit au quart de tour :

— Ce n'est pas interdit, monsieur Henri, les Français aussi ont manifesté pour l'Algérie française !

— Houlala, Madeleine, tu as raison, mais tu défends qui au juste, ton ami ou sa cause, tout en esquissant un sourire.

Puis il s'écria :

— Et tout ce monde qui se déchire au lieu de s'unir pour le bien des deux communautés. Il y a de la place pour tous dans cette Algérie, bon sang.
— Regardez, vous tous : un Arabe, des Français et moi qui ne sais même pas de quel bord je suis. Nous sommes l'exemple type du vivre ensemble. Les Algériens ont droit à leur indépendance, les Français ont le droit de vivre dans le pays qui les a vus naître, eux et leurs aïeux.

— Pourquoi alors tant de haine, tant de morts de part et d'autre ?
— Ne serait-il pas mieux de vivre ensemble, construire un avenir juste et équitable pour nous tous ?
— Et merde, à la fin !

— Papa, ne t'énerve pas, tu ne vas pas prendre la relève de Maurice AUDIN, lui dit son fils Antoine.

— Parlons-en, de Maurice, tué par les siens pour avoir osé réclamer une simple justice à l'égard des indigènes.

Il faut dire que monsieur Henri est un communiste convaincu, il a l'habitude des discours et la verve pour.

D'ailleurs, en Algérie, les communistes étaient suspectés de soutenir les Algériens pour leur indépendance.

Ce qui ne m'étonnait guère, car à douze ans à peine, il avait fait de moi un facteur du FLN à mon insu, en me confiant une enveloppe destinée à l'organisation FLN, que j'avais fait passer sous le nez d'une colonie de militaires dans le village.

Ce n'était certes pas une action courageuse de ma part puisque j'ignorais le contenu de la lettre, et encore moins son destinataire final.

Dès que le couple Henri était sorti, les trois filles, faisant probablement le guet à proximité de la villa, débarquèrent aussitôt.

Démarrait alors notre première fête de post-adolescence, danses langoureuses, corps contre corps frétillant, baisers et caresses amoureuses, une sorte de fête hollywoodienne sans les décors, ni les paillettes, ni du champagne, hormis l'intense bonheur que ressentaient les amoureux.

Seul Kader n'était pas venu me voir à ma sortie de prison bien qu'il eût été innocenté dans l'affaire de la manifestation du FLN et son organisation active à laquelle nous avions participé, lui et moi.

Fernand, dans son excès de haine, avait tenté de convaincre le lieutenant du village que Kader était en connexion avec l'organisation FLN.

Quant à moi, Fernand me soupçonnait d'être une activiste également et peut-être même un terroriste.

Fernand avait carte blanche de son lieutenant et tout lui était permis pour obtenir des informations sur les fellaghas et leurs affiliés.

Que de tortures, d'exécutions sommaires ou de disparitions de membres ou supposés membres du FLN étaient à son actif, et dont il se glorifiait.

J'appris d'ailleurs ce matin que peu avant que je ne sorte de la prison, deux camions bondés de militaires, avec à leur tête la jeep du lieutenant et Fernand, avaient ratissé le quartier et la maison de la famille de Kader.

Fernand et le lieutenant étaient venus spécialement pour l'arrêter lui et d'éventuels complices.

Ne l'ayant pas trouvé, ils avaient sévèrement brutalisé les membres de sa famille, y compris les enfants, et menacé les adultes de les accuser de complicité avec les terroristes FLN s'ils ne disaient pas où se trouvait Kader.

Deux de ses cousins ont été embarqués dans le camion et emmenés à la caserne militaire où étaient commises les pires tortures pour obtenir des aveux.

Mes parents avaient échappé à la rafle, car pour Fernand, j'étais encore en prison et donc à portée de sa main le moment venu.

L'oncle Ahmed était bel et bien le responsable local du FLN, c'est au cours de mon séjour en formation que je l'ai appris.

Le formateur l'avait cité en exemple, sa ruse pour faire parvenir des armes et médicaments aux maquisards et sa subtilité à faire accomplir les missions dans le village.

Probablement par crainte d'être suspecté, l'oncle Ahmed m'envoya un chauffeur de taxi qui me déposa dans une ferme de la région.

C'est là que je l'ai rencontré.

Après les félicitations et des éloges, il m'indiqua ma mission.

- **Tu as bien réussi ta mission, tu es digne de confiance maintenant pour enchaîner sur une autre.**
- **Ta nouvelle mission est un peu plus délicate que la précédente.**
- **C'est une mission que tu accompliras avec une énorme satisfaction, je pense.**
- **La révolution a décidé d'assassiner Fernand et le lieutenant, ils font trop de mal aux citoyens.**
- **Ton stage au tir au pistolet est-il satisfaisant ?**
- **Oui, absolument**
- **Très bien, donc tu feras partie du groupe qui se chargera de cette mission.**
- **Tout a été mis en œuvre pour cette mission.**
- **Tu recevras les instructions et la manière d'y participer par un autre militant FLN.**
- **Une voiture avec deux hommes à bord sera garée à proximité du salon de coiffure.**
- **Tu les rejoindras demain à onze heures précises.**

- **Ils te demanderont un mot de passe.**
- **Quand on demandera : « As-tu du tabac à chiquer ? »**
- **Tu répondras : « Oui, mais seulement en feuilles »**
- **Bonne chance, le chauffeur va te raccompagner et ne révèle à personne notre rencontre.**

Le lendemain, je me suis rendu au rendez-vous prévu, c'est alors qu'un des deux hommes m'expliqua l'action.

- **Vous allez être deux à accomplir cette mission**
- **Ton collègue plus expérimenté va pénétrer dans le salon de coiffure et tirer successivement sur le capitaine et Fernand.**
- **Toi tu vas te mettre en face du salon pour couvrir la sortie de ton collègue.**
- **En cas d'échec, c'est à ton tour de tenter l'assassinat.**
- **Votre mission est périlleuse, c'est le prix à payer.**
- **Vous engagez dès maintenant les balles dans le canon de vos pistolets avant d'aller et cachez-les dans la poche intérieure de vos vestes et non pas à vos ceintures.**
- **Une dernière chose, en cas d'impossibilité d'exécuter la mission pour une raison quelconque, vous devez faire**

un signal de retrait, en faisant semblant, d'essuyer vos deux yeux.
— Bonne chance, vive l'Algérie indépendante.

Nous sommes donc sortis de la voiture en direction du salon.

Je me suis posté en face, lui devant l'entrée du salon.

Avec hésitation, il me fit signe d'abandonner la mission.

Nous nous sommes redirigés vers la voiture.

Le collègue nous expliqua que le lieutenant avait mis, à l'entrée du salon, deux garde-corps, mitraillettes en mains, prêt à appuyer sur la gâchette.

Chapitre VII
Le départ maquis

Un jour, pour renouer avec les bonnes habitudes, je partis acheter des beignets pour le petit-déjeuner du matin en famille.

Arrivé devant le magasin du vendeur de beignets, je fus accosté par deux militaires.

— N'ayez crainte, nous ne vous voulons pas de mal, rejoignez-nous dans la voiture là-bas et on vous expliquera.

Je m'approchai de la voiture avec mon paquet de beignets à la main.

Un des militaires me fit signe de monter.

Sa tête ne m'était pas inconnue, mais je n'arrivais pas à le situer avec précision.

— Est-ce que tu reconnais l'un de nous deux ?

— À vrai dire, habillés comme ça, en militaires !

— Peut-être toi

— Si je te dis : « Nous nous étions vus chez oncle Ahmed, le jour même de ta mission « marchand de brochettes »

— Ah oui, maintenant, je me souviens de toi.

Et lui, c'est qui ?

— C'est un ami, tu peux.

— Mais qu'est-ce que tu fais en tenue militaire ?

— Tu vois, dans les harkis, il n'y a pas que des traîtres. Bon, assez parlé.

— Si l'on nous interpelle aux prochains barrages militaires, tu réponds : « On va en ville pour voir un match »

Il m'affirma que les militaires avaient trouvé chez un officier de l'armée de libération, capturé et blessé lors d'un ratissage des documents sur lesquels je figurais sous le nom de guerre de « Le collégien ».

L'organisation du FLN de la région a demandé mon exfiltration immédiate avant que je ne sois capturé, et c'était donc sa mission d'aujourd'hui.

Après avoir passé quelques barrages militaires, nous arrivâmes dans une ferme.

Vinrent à notre rencontre deux hommes.

— Le grenadier pousse comme les pommes terre, c'était le mot de passe du jour

La ferme était située à peine à un kilomètre d'un aéroport militaire.

Elle s'avérait être un point de relais du FLN.

La proximité de cette ferme était probablement stratégique. Qui aurait pensé que des fellaghas se trouveraient seulement à un kilomètre de la caserne des militaires français.

Alors que la caserne était parsemée de guérites et de sentinelles, côté relais du FLN, c'étaient de simples bergers qui faisaient le guet et donnaient l'alerte aux passeurs en chantant à haute voix des chansons codées.

Hamid me présenta aux deux hommes :

— C'est « Le collégien ».

— Vous devez lui faire rejoindre le poste de commandement en passant par la filière habituelle.

— Il y a urgence, il faut qu'il parte dès la nuit tombée.

— D'accord, ça sera fait comme prévu, répondirent les deux hommes presque en chœur.

Avant de repartir avec son collègue, Hamid me questionna sur l'attentat raté contre le lieutenant et Fernand.

— Dis-moi « Le collégien », comment avez-vous raté l'assassinat du lieutenant et Fernand ?

— Mon coéquipier devait pénétrer dans le salon de coiffure et tirer successivement sur le lieutenant et Fernand.

Mais, il a remarqué que deux garde-corps étaient postés à l'entrée, mitraillettes en mains, prêts à tirer.

— Mon coéquipier m'a donc fait le signe convenu de nous replier.

— On a suggéré de refaire cette opération avec une grenade, mais le chef a jugé l'opération inefficace, car elle entraînerait également la mort de nos deux coiffeurs complices dans le salon.

— Mais, au fait, ajoutai-je, c'était plus facile pour toi de les tuer, tu les côtoies presque chaque jour.

— Il faut croire que je suis plus utile à la révolution dans d'autres missions.

Hamid le caporal-chef des harkis et son autre collègue-harki qui l'accompagnait étaient en fait, de vrais collaborateurs acquis à la révolution algérienne.

Hamid était une source précieuse de renseignements sur les opérations des militaires qu'il communiquait au FLN ;

Grâce à son statut de harki gradé, il pouvait faire passer des militants, des armes et des médicaments dans sa voiture sans être inquiété par les barrages militaires.

Son autre collègue-harki était en fait un responsable politique du FLN dans les camps de SAS, des groupements de harkis et de leur famille.

Son rôle consistait à organiser les désertions parmi les harkis enrôlés malgré eux dans l'armée française et à collecter des cotisations, un impôt que payaient tous les citoyens pour financer la révolution.

Et il ne manquait pas d'arguments, disait-il !

Pour empêcher les paysans de nourrir et d'accueillir les maquisards de l'ALN, les militaires les avaient parqués dans des camps et enrôlés de force parfois dans l'armée comme harkis.

Les régions où ils habitaient avaient été déclarées « zones interdites » par l'armée avec interdiction d'y revenir pour exploiter leurs terres.

Ils percevaient une maigre solde de militaire de 3 francs par jour pour nourrir leur famille et étaient le plus souvent utilisés comme chair à canon lors des opérations de ratissage contre les révolutionnaires au prétexte qu'ils connaissent mieux les terrains des opérations.

Ils étaient doublement pénalisés : déconsidérés par les Français et assimilés à des traîtres par leurs concitoyens.

Quelques brebis galeuses, engagées volontaires plus pour des raisons financières ou de vengeance que par idéal, étaient les plus redoutables.

Il y avait aussi les anciens maquisards retournés par les services secrets de l'armée française ; un sinistre « Sergent », dans le village, en était un.

À la nuit tombante, un des passeurs me demanda de mettre la paire de pataugas et le pantalon bleu de Chine qu'il me donna, plus pratiques pour marcher dans la brousse et la montagne.

Nous allons rejoindre le poste de commandement cette nuit, me dit-il. Voilà les consignes. Le mot de passe est : « Une chèvre rouge. » Si tu rencontres quelqu'un qui te donne ce mot de passe, tu peux le suivre en toute confiance. Sinon, tu diras que tu es égaré et que tu cherches ton chemin.

Nous entamâmes notre périple de suite.

Une marche continue, dans des terrains hostiles, depuis la nuit tombante, jusqu'au lever du jour.

Le passeur ne semblait pas éprouver de fatigue, contrairement à moi qui peinais à avancer.

— Allez! Le collégien, courage, on doit arriver avant la levée du jour !

Facile à dire, presque dix heures de marche sur un terrain chaotique pour quelqu'un qui, pour toute expérience, n'avait fait qu'une marche de deux heures, et encore, en terrain plat.

Nous arrivâmes enfin. J'avais hâte de poser mes fesses n'importe où pourvu que je sois assis.

Le passeur avança vers les hommes qui venaient à sa rencontre. Ils semblaient bien se connaître.

Ils s'embrassèrent puis se dirigèrent vers moi.

Je m'étais déjà assis sur le premier rocher à proximité pour reposer mes pieds.

— Je vous présente le collégien, dit le passeur. Ce sera un autre groupe qui viendra le chercher la nuit suivante. En attendant, on aimerait bien se restaurer et se reposer un peu.

Nous nous trouvâmes tous réunis autour d'un grand plateau en cuivre sur lequel étaient déposés des crêpes, des quartiers de galettes, une théière et un grand bol de lait.

Un des hommes assurait le service.

Motus et bouche cousue. Personne ne dit mot durant le déjeuner, comme si des consignes avaient été données.

Le déjeuner terminé, je me suis allongé dans un coin de la pièce et le passeur qui m'accompagnait durant ce premier périple fit de même.

Avant de sortir, les autres hommes réitérèrent la consigne :

— Restez sur vos gardes. Si vous entendez un son de flûte, c'est l'alerte des guetteurs. Nous irons nous mettre à l'abri dans une cache.

Le sommeil me terrassait et les douleurs dans les muscles de mes jambes allaient crescendo.

Le sommeil eut le dernier mot. Huit heures d'affilée, je ressentais encore quelques douleurs musculaires, mais j'étais bien reposé.

Entre-temps, l'effectif avait augmenté.

Le passeur était reparti, remplacé par deux maquisards de l'ALN en treillis, assis à quelque trois mètres de distance.

Deux pistolets-mitrailleurs, un fusil d'assaut étaient à leur portée immédiate.

Trois fusils pour deux maquisards, le troisième est forcément pour moi, songeai-je. Mais bon sang, je n'ai pas encore reçu d'entraînement pour ce type d'armes !

J'avais certes fait des entraînements au pistolet, au lancer de grenade, mais pas avec ces fusils d'assauts.

D'un seul coup, je vis un autre gaillard vêtu en militaire rentrer à reculons, la tête baissée, comme pour cacher son visage. Il se dirigea droit vers moi.

Arrivé à environ un mètre de moi, il se retourna subitement.

Bon sang ! C'était Saïd, mon ami du village !

Je me relevai comme une fusée et enlaçai ce grand gaillard, mon ami d'enfance, que je n'avais pas revu depuis son départ pour le maquis, il y a un peu moins d'un an.

Ses deux autres compagnons nous regardaient d'un air attendri.

— Hé, viens voir, je te présente le chef de cette mission. C'est grâce à lui que je suis là ; quand j'ai appris que l'homme à exfiltrer, c'était toi, je me suis porté volontaire et il a bien voulu m'accepter dans son groupe.

Et Saïd enchaîna :

— Tu sais, aux dernières nouvelles, le lieutenant et Fernand ont eu accès aux documents trouvés chez le chef de l'ALN blessé et capturé lors d'une embuscade. Ils savent que c'est toi qui avais coordonné les manifestations.

Ils te soupçonnent même d'être impliqué dans l'attentat de la brasserie, des témoins t'avaient vu remettre l'objet contenant la grenade, ils étaient hors d'eux.

Ils ont arrêté puis torturé une vingtaine de personnes suspectes à leurs yeux, y compris des jeunes de ton quartier et de celui de notre ami Kader qui a été exfiltré juste à temps par un autre groupe du FLN que le tien.

Pire, Fernand, profitant de cette aubaine, a fait une descente chez nos amis français pour faire montre de l'autorité que lui confère son statut d'officier militaire.

Il avait malmené monsieur Henri et ses enfants supposés être nos complices puisqu'ils ne cachaient pas leur sympathie pour l'indépendance de l'Algérie.

Et aussi chez ta chérie Madeleine qu'il avait traitée de complice et d'amie des terroristes en faisant allusion à toi et à Kader.

Le père de Madeleine était allé voir Gaston, l'adjoint au maire, pour se plaindre du comportement inadmissible de son fils Fernand.

Ils ont failli se battre. Le patient et pacifique père avait probablement d'autres raisons que la maltraitance de sa fille Madeleine. Il avait reçu une lettre de menace et il soupçonne l'adjoint au maire d'être l'auteur, car il serait à la tête de l'organisation du front de l'Algérie française (FAF) et un fervent soutien à Joseph Ortiz et Jean-Jacques Susini, fervents défenseurs de l'Algérie française, qui tentent de rallier les militaires et civils à leur action.

— Mais d'où tiens-tu ces informations, toi ?

— Ce n'est pas « le téléphone arabe », mon ami, mieux que cela, c'est « le téléphone du FLN ». L'organisation collecte, par ses informateurs, le moindre détail sur ce qui se passe dans la région, y compris ton amour pour Madeleine !

— Tu as des nouvelles de mes parents aussi ?

— Non, pas spécialement. Tu vois, vous auriez mieux fait de ne pas rater l'assassinat du lieutenant et Fernand.

— Nous avions raté la mission, car il y a eu un imprévu de dernière minute, lui répondis-je.

Le lieutenant est un sanguinaire depuis la guerre du Vietnam, il a retrouvé un autre Vietnam en Algérie. C'est un militaire de carrière et tuer un Algérien, c'est comme écraser une mouche pour lui, il est rusé plus qu'un renard.

Celui à qui j'en veux le plus, c'est Fernand, notre ami d'enfance, si c'était à refaire, je me porterai volontaire pour l'assassiner.

Le chef de mission qui suivait attentivement notre discussion intervint péremptoirement :

— Nous nous battons pour la liberté et l'indépendance de notre pays et pour l'extraire du joug du colonisateur. La vengeance n'est pas notre but malgré la tentation, car nous avions eu tous un père, un frère ou un cousin tué, torturé ou emprisonné par l'armée française.

Soudain, nous entendîmes le son d'une flûte, ce sont les guetteurs qui donnent l'alerte.

Le responsable du relais entra subitement dans la chambre :

— C'est un avion !

— Il faut peut-être rejoindre discrètement la cache ?

Le vétéran-chef de mission n'avait pas l'air inquiet.

— C'est quel avion, le jaune ou celui en forme de banane ?

— Oui, le jaune.

Il fit un geste comme pour dire « laisse tomber », puis il ajouta :

— C'est juste un avion de reconnaissance, on ne bouge pas.

— Vérifiez quand même s'il n'a pas laissé des traces de fumigènes en repérage.

— De toute façon, c'est bientôt la tombée de la nuit, on va pouvoir repartir. Prépare-nous ce qui est prévu, d'accord ?

Le responsable du relais s'en alla, puis revint un quart d'heure plus tard avec un baluchon contenant probablement l'argent des cotisations qu'un responsable politique du FLN avait dû le déposer dans ce relais.

Il sortit des figues, des dattes et des triangles de galette.

Chacun de nous prit une part de ces aliments a priori très nutritifs au cas où l'on se trouverait isolé dans le maquis.

Saïd et ses deux collègues reprirent chacun son arme.

— Qu'as-tu utilisé comme arme, me demanda le chef de la mission ?

— Pistolet et lancer de grenade, lui dis-je.

Il ôta de sa ceinture un pistolet qu'il me remit en ajoutant :

— Tu laisses le cran de sûreté en permanence. On préfère mourir sur le champ d'honneur, pas par accident !

Le responsable du relais nous fit signe que la voie est libre.

Nous empruntâmes un sentier broussailleux, puis le flanc d'une rivière en direction du poste de commandement de l'armée de libération nationale.

Je marchais sur les pas de Saïd qui, avec bientôt un an dans le maquis, avait acquis les rudiments de la marche à travers brousse et montagne.

Le chef de mission en tête faisait des signes avec ses doigts que je ne comprenais pas.

Saïd eut le réflexe de se retourner vers moi puis, d'une voix à peine audible, il me dit :

— Il demande le silence tout au long du trajet. En cas de besoin, tu tapes deux coups sur mon épaule gauche.

La marche me paraissait moins pénible que la précédente expédition ; les débuts probables de l'endurance.

Le chef de mission était originaire de la région et il sillonnait le secteur depuis qu'il avait rejoint le maquis cinq ans auparavant.

Durant le trajet, il nous avait fait emprunter plusieurs chemins et pas une seule fois, nous n'étions à découvert.

Nous sommes arrivés enfin au poste de commandement.

Il était situé sur les hauteurs d'une montagne difficilement accessible, couverte d'une forêt dense et parsemée d'abris souterrains, comme une vraie galerie de taupe.

Le chef de mission interpella son collègue sur les évènements du jour.

— Depuis ce matin, il y a eu des vols de reconnaissance de deux avions jaunes, depuis le poste où vous étiez jusqu'à environ une vingtaine de kilomètres de notre PC.

- C'était l'hélicoptère « à la tête de mouche » qui volait en rase-mottes.
- Je n'ai pas pu voir s'il a atterri, à cause du sommet de la montagne. Je l'ai vu reprendre les airs environ dix minutes après.
- C'était un hélicoptère modèle Alouette 1 de l'armée française. Ils ont probablement déposé des militaires avec liaison radio, pour les repérages des mouvements de fellaghas, comme ils le disent.

— Ils préparent sûrement un ratissage dans le secteur. Si tu vois des hélicoptères en forme de banane ou les avions à deux queues, tu lances l'alerte générale par les moyens habituels.

— Mission accomplie. Allez dormir pour rattraper votre retard de sommeil, nous dit le chef.

Saïd s'approcha de moi et comme pour me taquiner, il me dit amicalement :

— Single ou double lit pour toi ?

— C'est ça, moque-toi, comme si je n'avais pas déjà dormi dans une cache.

— Oui, mais les caches à proximité des fermes et villages sont plus confortables que celles d'ici, n'est-ce pas ?

Ah oui, tu crois ça toi !

Mais Saïd continua de plus belle :

— Demain, tu vas avoir une grande surprise et ce n'est pas ta chérie Madeleine au destin incertain.

— Saïd, tu m'énerves ! Qu'est-ce que tu entends par « Madeleine au destin incertain » ? Espèce de jaloux, va !

— Une jeune fille pied-noir, mariée avec un Algérien, c'est un rêve mon ami, me dit-il.

— Même si l'Albert Camus du village t'apprécie, il ne s'exposera pas à la risée de la communauté française du village.
— Bon, laisse tomber Saïd, alors c'est quoi la grande surprise qui m'attend demain ?
— Tu ne pourras jamais deviner. Un peu de patience, voyons !

J'eus beau insister pour qu'il me révèle la fameuse grande surprise qui m'attendait, il était têtu comme une mule.

Saïd m'accompagna jusqu'au lieu désigné pour dormir puis repartit rejoindre son groupe d'affectation.

En rentrant, je vis, assis dans la chambrée souterraine, trois jeunes garçons habillés en militaires, leurs pataugas encore aux pieds.

Ils ne semblaient pas plus âgés que moi, dix-sept ans au plus, voire moins pour l'un d'entre eux.

Bien que terrassé par le sommeil, je me joignis à eux.
— Mon nom est le collégien, je suis d'un village proche de la grande ville.

Et vous, vous venez d'où ?

— Nous sommes tous les deux du quartier El-Kantara, dit l'un.

— Nous venons tous les deux du même lycée technique, ajouta l'autre.

— Et toi ? demandai-je au troisième.

— Moi, je suis de la ferme des Zénatis

— C'est la ferme de ma grand-mère, lui dis-je

— Je passais toutes mes vacances scolaires là-bas

— Ta grand-mère, ce n'est pas *nèna* Hadda, par hasard ?

— Si.

Je scrutais en même temps son visage, essayant de trouver un indice me permettant de l'identifier parmi les enfants que j'avais côtoyés à la ferme, mais les cinq années passées depuis avaient effacé les traces.

— Moi, c'est Brahim, tu ne me reconnais pas ?

— Non, tu sais, depuis cinq ans, on a grandi et changé un peu. Et toi, tu me reconnais ?

— Maintenant, oui. Tu es le gamin qui nous offrait des bonbons quand il venait à la ferme. Moi, c'est Brahim, celui qui t'avait appris à poser les pièges à oiseaux dans la ferme de ta grand-mère, incroyable, on aura beaucoup de choses à se raconter toi et moi demain, après l'entraînement.

— Oui, répondis-je, avant de rejoindre ma place pour dormir.

J'ôtai juste mes chaussures et tombai immédiatement dans les bras de Morphée.

Je me réveillai à treize heures en prévision du briefing qui devait avoir lieu à quatorze heures avec le chef de région.

Les trois jeunes garçons n'étaient plus là, probablement partis à l'entraînement.

En pointant le nez dehors, je fus aussitôt hélé par le chef de groupe.

— Bonjour, Le collégien, bien reposé ?

— Bonjour, frère, oui ça va.

— Le briefing de quatorze heures n'aura pas lieu aujourd'hui. Si Elgarmi, le chef de la région, a été accroché cette nuit dans un ratissage avec les parachutistes du général Challe. Il s'en est bien sorti avec les maquisards de sa section. Cependant, ils devront rester dans le secteur et affronter l'ennemi jusqu'à ce que le ratissage soit terminé.

Je hochai la tête au rythme de ses explications.

— Demain, je serai exceptionnellement ton instructeur, car le tir au pistolet et le lancer de grenades ne suffisent pas dans l'affrontement avec l'ennemi dans le maquis. Toute la journée, ça sera tirs à la mitraillette et au fusil d'assaut. Tu rejoindras après les autres jeunes pour le reste de ton entrainement.

Je fus tenté de le questionner sur le nom d'Elgarmi, notre chef de région.

Simple coïncidence, ou était-ce mon oncle Elgarmi qui, cinq ans plus tôt, était déjà engagé, avec sa fiancée Yasmina, dans les rangs des maquisards dans la ferme de grand-mère.

Le chef repartit ensuite vers un groupe de maquisards armés réunis au pied d'un arbre.

Je ne savais pas s'ils partaient ou revenaient d'une opération.

Un autre groupe était également assis, mais autour d'un plat, en train de manger.

Parmi eux, les trois jeunes recrues dont Brahim qui me fit signe de les rejoindre.

Je vis un grand plat de couscous dans lequel tout le monde piochait. Pas de traditionnelle sauce rouge ni de viande, un grand bol rempli de petit-lait avec lequel on arrosait le couscous de temps en temps.

Pour l'agrémenter, on y ajoutait des dattes dénoyautées prélevées sur la ration de survie.

Brahim m'interpella à mon arrivée :

— Une vraie *baraka,* se retrouver, cinq ans plus tard ici !

— Oui, comme tu le dis. Je ne suis pas retourné en vacances chez grand-mère depuis longtemps.

— Dis-moi Brahim et toi, comment es-tu arrivé ici, dans ce P.C. de l'ALN ?

— Quelle version veux-tu entendre ? Celle, en détail, des gens de la ferme ou sommairement la mienne ?

— Les deux, tant qu'à faire lui répondis-je.

— D'accord. Je commence par la famille du colon voisin. Il a réussi à s'approprier les terres du père de nos amis Omar et Rachid tués lors des bombardements.

— Une garnison de militaires s'est installée dans la ferme. Ils ont créé un camp de regroupement à la place de la ferme, parqué tous les habitants et enrôlé les plus jeunes d'entre eux dans une section de harkis.

— Les militaires sur place, les harkis nouvellement engagés et des parachutistes venus par avions en appui, ont ratissé toute la région. Ils ont ensuite déclaré zone interdite tout le secteur en aval des montagnes en précisant à la population que toute personne qui se rendrait dans cette zone serait automatiquement abattue sans sommation.

Il y a eu un accrochage mémorable entre les maquisards et les militaires et les harkis nouvellement engagés.

— Côté Français, comme pour servir de bouclier, les harkis ont été positionnés en tête de l'offensive, la plupart d'entre eux étaient originaires des douars environnants.

— Côté maquisards, en face, c'étaient des gens natifs de ces mêmes douars aussi, ils avaient rejoint volontairement les rangs FLN lors des bombardements des fermes il y a quelques années.

— Ironie du sort, dans le camp des harkis comme dans celui des maquisards, il y avait des hommes de la même famille qui se tiraient dessus. Même les enfants de notre

> propre groupe d'amis de l'époque, qui furent enrôlés dans l'un ou l'autre camp s'entre-tuaient sans le savoir.
– Les maquisards défendaient une cause juste, libérer leur pays de la colonisation, les harkis, paradoxalement, ils tuaient, sans le vouloir, leurs propres frères pour une cause qui n'était même pas la leur.

Les colons sont devenus les maîtres de la région. Ils ont acquis le droit de vie et de mort sur les indigènes, même sur ceux qui travaillaient pour eux dans les fermes.

Un jour, les maquisards ont tendu une embuscade à l'un des leurs et à son fils, en répression exemplaire pour les autres colons.

– J'avais servi de guetteur pendant quelques jours pour repérer les mouvements des colons qui se rendaient chaque vendredi au marché à bestiaux du village, car il était impossible de les abattre dans la ferme du fait de la présence constante des militaires.
– Les maquisards, avec à leur tête ton cousin Salah, ont réussi à abattre le père et son fils ainsi que les trois militaires qui les précédaient dans une jeep.

— J'étais présent lors de cette attaque, ma mission était de récupérer les armes des militaires ou des maquisards tués.
— Avant de se replier, deux des maquisards, enragés à cause de ce qu'il avait fait endurer à leur famille, avaient dépecé le colon au couteau et éparpillé sa tête, ses pieds et ses mains sur le lieu de l'embuscade. Une atrocité qui ne se justifiait pas, mais devenue quotidienne autant du côté des militaires français que de celui des maquisards de l'ALN.
— Je suis donc resté avec les maquisards qui avaient tendu cette embuscade. Après deux jours de marche nocturne et un accrochage avec l'armée française sur notre chemin, le groupe m'avait déposé ici.
— Et le plus extraordinaire dans tout cela, j'avais les deux mitraillettes et un fusil d'assaut récupérés entre les mains, sans savoir m'en servir !

Les autres membres réunis autour du plat de couscous et moi-même écoutions avec intérêt le récit de Brahim.

— Et vous, les deux jeunes, racontez-nous votre histoire, leur demanda Brahim.

— Nous sommes de jeunes militants FLN dans notre lycée. Nous agissions sous le commandement de notre responsable politique du FLN local, qui nous avait recrutés il y a un an. Notre première mission consistait à sensibiliser les jeunes lycéens pour qu'ils rejoignent les rangs de l'Armée de Libération nationale et défendre leur patrie. Nous leur expliquions que la révolution avait besoin d'eux pour être les futurs cadres de l'Algérie indépendante, que la révolution avait également besoin d'eux pour augmenter l'effectif de ses combattants, car les opérations menées par le général Challe avaient restreint l'infiltration de nos maquisards stationnés au Maroc et en Tunisie.

- Nous mobilisions notamment les lycéens pour les manifestations du FLN.
- Nous avions été recherchés par les gendarmes à la suite de notre participation à la dernière manifestation pour l'indépendance algérienne, des manifestants arrêtés nous avaient désignés comme les organisateurs.
- Le FLN avait par conséquent organisé notre fuite, et nous voilà donc ici avec vous.

Un ancien maquisard du groupe prit la parole :

— Savez-vous que depuis les opérations Challe de 1959, des jeunes de votre âge ont répondu à l'appel de la révolution et constituent aujourd'hui 20 % de nos effectifs dans le maquis, sans compter ceux et celles qui mènent des actions en ville. Même nos femmes, jeunes et moins jeunes, sont devenues notre fer-de-lance contre l'ennemi. Cet élan patriotique de nos jeunes Algériens qui avait été négligé par le général lui a valu de n'obtenir que des résultats mitigés malgré ses avions, ses chars et ces cinq cent mille militaires actuellement présents en Algérie. Vive la révolution !

Comme prévu, le jour suivant, ce furent des exercices intensifs de tirs en alternance avec une mitraillette et un fusil d'assaut.

Nos entraînements durèrent plus de trois mois.

Par moment, je faisais office de secrétaire de l'adjoint-chef de la région pour dactylographier ou traduire des lettres en Français tels que les appels à contribution financière destinées à de notables bourgeois, des lettres de menaces aux ennemis de la révolution ou des sentences de mort à ceux qui avaient dénoncé ou causer la mort de membres du FLN ou de la population.

Saïd restait affecté au service Renseignements et Liaisons qui collectait principalement les informations générales émanant des responsables politiques en ville.

Il avait été promu sergent et avait accompli plusieurs missions d'embuscade avec des succès contre les militaires français, mais aussi des pertes dans ses rangs.

J'avais effectué mes premiers affrontements en tant que *moudjahid* dans le groupe de Saïd.

Dans mon excès de témérité, j'avais failli y laisser ma peau malgré les consignes de prudence.

En matière de prudence, Saïd n'était pas non plus de ceux qui l'appliquaient à la lettre.

Nombre de fois, lors des accrochages avec l'armée française, il s'aventurait à arracher une des parties sécables de la plaque d'identification des soldats morts dans le camp adverse en espérant, disait-il, retrouver le nom de notre ennemi d'enfance Fernand ou de ses comparses de notre village.

Un jour, nous reçûmes deux hauts chefs de l'ALN qui nous donnèrent l'ordre d'abandonner notre poste de commandement et de ne laisser aucune trace de son existence, se replier vers d'autres points d'accueil en nous déplaçant exclusivement par groupe de sept au plus.

L'ordre émanait du haut commandement du FLN.

En effet, après les parachutistes et d'autres corps de l'armée française qui avaient entamé une opération dite « Challe » pour nettoyer le maquis et appréhender les maquisards, une autre offensive venait de commencer et visait particulièrement notre secteur.

Pour la contrer, il fallait absolument que les effectifs de l'ALN se dégroupent pour mieux passer entre les forces ennemies.

Un briefing immédiat organisa les groupes et leur destination avec les consignes suivantes : éviter au maximum les accrochages avec les soldats français et particulièrement à proximité des *douars* et *mechtas* pour épargner à la population les bombardements et autres sévices.

Mon affectation fut maintenue dans le groupe de Saïd.

Un bref discours politique s'en suivit :

— Le général de Gaulle s'est prononcé le 1ᵉʳ juillet 1961 pour un État algérien conformément au résultat du référendum en métropole approuvant et plébiscitant l'indépendance de l'Algérie, mais pour nous, la guerre de libération n'est pas finie, nous continuerons nos batailles, d'autant qu'un autre ennemi est venu contrer notre combat, il s'agit d'une organisation fantoche nommée OAS qui tue en ville nos citoyens et même les Français favorables à notre juste cause.

— Vive la Révolution, vive l'Algérie.

Après cela, nous nous mîmes à la besogne pour transférer tout ce qu'il y avait dans le P.C. vers une cache à proximité. Des membres de l'organisation civile du FLN devaient se charger par la suite de tout récupérer et les camoufler dans d'autres caches.

Nous partîmes à la tombée de la nuit, chaque groupe vers sa destination connue seulement du chef de groupe.

Après deux nuits de marche avec repos de récupération et restauration le jour, dans des caches sur notre trajet, nous arrivâmes enfin à destination.

Deux principales remarques durant ce périple.

D'abord, à l'adage « L'appétit vient en mangeant », j'en accolai un autre, personnel : « L'endurance vient en marchant ».

En effet, par rapport à mes débuts, j'étais devenu un grimpeur compétiteur malgré une légère blessure au doigt de pied survenue lors de mon premier baptême du feu dans le maquis.

Ensuite, nous avions échappé de justesse à des accrochages avec les militaires grâce à la ruse du vétéran qui nous accompagnait.

Une nuit, alors que nous étions en marche le long d'un fleuve à la lisière d'une forêt, nous entendîmes soudain au loin des coups de feu et de canon, légèrement audibles ; une unité de l'ALN avait dû accrocher des militaires français en faction.

Quelques minutes plus tard, nous vîmes deux énormes projecteurs largués par un avion sur le lieu de l'accrochage.

La lumière qu'ils dégageaient était tellement intense que nous nous réfugiâmes précipitamment dans la forêt pour éviter d'être repérés.

Nous arrivâmes dans le nouveau poste de commandement qui était un peu plus grand que celui que nous avions quitté, et mieux équipé aussi.

Il était situé en haut d'une montagne difficile d'accès et couvert d'une épaisse forêt.

À notre arrivée, nous fûmes reçus par un responsable qui, après avoir discuté avec notre chef Saïd, nous indiqua notre lieu d'accueil et une réunion de briefing à laquelle nous devions assister, ce jour vers 17 heures.

C'était juste le lever du jour et nous partîmes tous pour dormir après une longue nuit de marche.

En début d'après-midi, Saïd vint m'annoncer que le chef de région voulait me voir personnellement.

Il m'accompagna jusque chez ce haut gradé.

— Bonjour, le collégien.

– Je suis Babana, le chef de cette région

– J'ai appris que tu étais devenu un spécialiste de la dactylographie et j'aurais vraiment besoin de te garder avec moi.

— Peut-être pas un spécialiste, quand même.

Et petit à petit, il me confessa :

— Tu sais que je connais ton oncle Elgarmi, c'était un des compagnons d'armes les plus efficaces qu'avait connus l'Armée de libération nationale.
- Lui et moi sommes de la même région et c'était lui qui commandait la région d'où tu viens.
- Tu n'as pas eu la chance de le rencontrer, car lui et moi étions partis en mission pour ralentir la progression des parachutistes afin qu'ils ne puissent pas atteindre le siège de la Wilaya.
- Cela a duré presque un mois, heureusement de manière discontinue. Nous tenions farouchement nos positions en harcelant, par petits groupes de maquisards, les militaires français, jusqu'au jour où l'aviation militaire française avait largué des bombes au napalm pour sécuriser la zone et nous faire déguerpir.
- J'ai assisté ce jour-là à un véritable enfer : les hurlements, les corps de nos pauvres maquisards gisant par terre en train de se consumer sans que l'on puisse faire quoi que ce soit pour les secourir.
- Dieu merci, la majorité de nos effectifs ont réussi à décrocher à temps.

— Hélas, ton oncle Elgarmi faisait partie des victimes de ce maudit napalm. Il est mort héroïquement, car il ne voulait pas abandonner ses compagnons d'armes. Que Dieu bénisse les martyrs.

Ce fut un grand moment d'émotion. Babana ne réussit pas à retenir ses larmes et les miennes coulaient aussi.

Comme pour se ressaisir, il ajouta :

— Ton oncle Elgarmi était un révolutionnaire de la première heure, son courage était exemplaire et tout le monde lui reconnaissait un humanisme débordant. Je l'ai connu à peine âgé de 19 ans, dans les montagnes, en amont de la ferme de sa mère. Il avait mené et organisé l'attaque du village lors du soulèvement du 20 août 1955 ; une réussite sans conteste pour un jeune de son âge.

— Bon, laissons les souvenirs aux souvenirs, Saïd m'a dit que ta blessure au pied t'a fait un peu souffrir tout au long du trajet.

— Oui, mais ce n'est vraiment pas grave, lui dis-je.

— C'est l'occasion d'aller à l'infirmerie, viens avec moi, je t'accompagne, mais essuie d'abord tes larmes, car la personne qui nous attend à l'infirmerie n'aimerait pas te voir ainsi.

J'entendais les paroles de Babana mais mon esprit voguait dans le souvenir des bons moments que j'avais vécu avec l'oncle du temps où, gamin, je passais mes vacances chez grand-mère.

Même si je n'avais pas revu l'oncle depuis l'âge de 12 ans, il ressurgissait subitement dans mes pensées et j'avais du mal à accepter sa mort.

En entamant la descente vers l'infirmerie, Saïd nous héla de loin et vint à notre rencontre, puis s'adressa à Babana :

— Nous vous attendons comme prévu pour le briefing, il est bientôt dix-sept heures, tout le monde est prêt.

Nous nous dirigeâmes tous trois vers le lieu où les membres de notre groupe se trouvaient déjà.

Babana prit la parole :

— L'indépendance de notre Algérie est incontournable, c'est une question de mois. Mais nous continuerons notre combat sans relâche jusqu'au jour de notre indépendance totale.

— Nous devons d'ores et déjà commencer à organiser notre transition vers la paix.

— Certains parmi vous seront affectés prochainement dans les villages pour être au plus près de notre vaillant peuple et préparer ainsi notre transition vers la prise en main de notre pays.
— Votre rôle ne sera pas facile, car vous devrez affronter, en parallèle, une nouvelle catégorie d'ennemis, l'OAS et sa fâcheuse politique de la terre brûlée. Vous recevrez en temps utile la formation et les informations pour assurer vos missions.
— Vive l'Algérie, gloire à nos martyrs.

J'étais à côté de Saïd quand Babana, après un petit tour parmi les maquisards, me fit un clin d'œil en hochant la tête, comme pour me dire : « On y va ? »

Nous repartîmes à l'infirmerie.

Lorsque j'entrai, une femme vint à ma rencontre avec un grand sourire, certes, mais entachée d'une mine triste.

C'était Yasmina, la fiancée de mon oncle Elgarmi.

Nous nous enlaçâmes sans dire un mot. Les larmes qui coulaient de part et d'autre suffisaient à exprimer notre douleur commune de la perte de l'être cher, un fiancé pour elle et un oncle formidable pour moi.

Après un long moment d'émotion, Yasmina, comme pour rompre ces instants douloureux, me dit en plaisantant :

— Je ne suis pas obligée de me baisser pour t'embrasser ni de te rendre ton taille-crayon en forme de grenouille !

Puis elle s'adressa à Babana :

— Tu sais, Zenati ou le collégien, comme vous l'appelez au maquis, est le plus petit révolutionnaire que je connaisse.

— À 12 ans à peine, il accompagnait son oncle quand celui-ci organisait l'attaque du 20 août.

Babana réfléchit un instant, puis il dit :

— Ah, c'est toi le petit curieux que j'avais vu avec ton oncle, à côté des grottes, en amont de la ferme de ta grand-mère ?

— Et vous, frère Babana, vous êtes un des deux faux chasseurs avec des mitraillettes en bandoulière au lieu de simples fusils de chasse, c'est ça, lui répondis-je.

Babana afficha un large sourire nostalgique, me tapota l'épaule puis repartit vers la sortie.

Je restai un long moment avec Yasmina.

Elle me raconta que la ferme de grand-mère avait été entièrement détruite par des bombardements. Grand-mère et le reste de la famille habitent désormais dans un village proche de celui de mes parents.

Yasmina s'était mariée avec mon oncle, elle a une fille âgée maintenant de 3 ans, qu'elle avait confiée à grand-mère.

Nous discutions des bonnes choses du passé quand arriva Saïd, qui me fit signe de le suivre.

Je le rejoignis. Il affichait une mine réjouie.

— J'ai une bonne nouvelle à t'annoncer !

— Arrête, Saïd, la dernière grande surprise que tu m'avais promise, je l'attends toujours !

— Bon, je t'explique. La surprise, c'est que je voulais te dire que c'était ton oncle qui avait demandé ton exfiltration quand tes missions devenaient dangereuses en ville. Après réflexion, je me suis abstenu, car ton oncle était, avec la majorité de son effectif, en mission de soutien à une autre région pour faire barrage à l'offensive des parachutistes. J'avais préféré attendre son retour. La suite, tu la connais, malheureusement.

— D'accord, et maintenant, c'est quoi ta bonne nouvelle ?

— Nous sommes tous les deux affectés au poste de commandement qui dépend de notre village.

— Le chef Babana m'a dit que tu dois rester quelque temps ici, car il a besoin de toi pour traduire et dactylographier les lettres destinées aux Français qui n'ont pas les mains sales afin de les encourager à rester en Algérie. Il y aura aussi des tracts à tirer que l'on doit faire distribuer en ville. Tu nous rejoindras plus tard.

Et il ajouta, avec toujours cet air taquin que je lui connaissais :

— Tu sais, je suis ton chef maintenant, et la première mission que je te confierai à ton retour parmi nous, c'est de braver tous les dangers pour aller revoir ta vraie fausse fiancée Madeleine dans le village.

— Saïd, tu sais que des subordonnés ont tué leur chef pour moins que ça !

Nous nous mîmes à rire comme au bon vieux temps de notre enfance.

Le lendemain, nous commençâmes notre formation pour les nouvelles missions en ville. La formation se résumait en gros à ceci :

Évitez d'accrocher les militaires et, si besoin, combattez-les aussi bien défensivement qu'offensivement ou en soutien à d'autres éléments du FLN et de ALN.

Vous aurez à organiser, avec le concours des responsables politiques locaux du FLN, une structure d'accueil pour les maquisards devant assurer l'ordre dès le départ des autorités françaises, informez et sollicitez le concours de toute la population en vue de ce futur changement.

Contrer les attaques de l'OAS aussi bien contre la population autochtone que celle contre les citoyens Français.

Notre formation dura une quinzaine de jours.

Chapitre VIII
Le retour du maquis

Saïd et son groupe partirent rejoindre leur poste P.C. près du village.

Moi, je faisais office de secrétaire.

En fait, il n'y avait rien à traduire ni à dactylographier,

Nous recevions des lettres déjà imprimées cachetées du sceau du FLN et signées par le responsable de la Wilaya.

J'avais juste à rajouter le nom, le prénom et la ville du destinataire.

Pour les tracts, par contre, je devais retaper le texte sur une feuille de stencil pour pouvoir les dupliquer.

Ma curiosité se porta sur la liste des destinataires de mon village.

J'étais sûr de voir figurer les noms du père de Madeleine et celui d'Henri le Rouge, c'était le cas.

À mon grand étonnement, il y avait celui du docteur du village alors que je le croyais partisan de l'Algérie française.

La lettre type disait en gros ceci :

Vous n'avez pas combattu notre juste cause ni entravé politiquement notre révolution.

Vous serez des nôtres pour construire l'Algérie nouvelle.

C'est votre pays aussi, vous pouvez y rester avec confiance, nous vous le garantissons.

Vous pouvez opter pour la nationalité algérienne ou conserver la nationalité française, les deux options sont compatibles pour édifier une nouvelle vie dans l'Algérie indépendante.

Les noms des extrémistes qui prônaient une Algérie française tels que Gaston, l'adjoint au maire, ses fils Fernand et Georges et autres énergumènes du même acabit n'y figuraient pas ou sont sur une autre liste rouge à laquelle je n'avais pas accès.

La première lettre que je traitai fut celle destinée au père de ma dulcinée, Madeleine dont je me languissais. Madeleine occupait toujours mes pensées, chaque fois que Saïd évoquait son nom en me taquinant, mon cœur battait la chamade, et pourtant je ne sais même pas ce qu'elle est devenue ni ce qu'elle allait devenir.

Je fus presque tenté de rajouter sur la lettre destinée à son père un post-scriptum, dans le genre : « Madeleine, reste, reste, par amour ou par amitié, attends-moi ».

Les souvenirs des meilleurs moments, passés avec Madeleine, ressurgissaient inconsciemment dans mon esprit me rappelant, par là même, l'autre combat que nous devions mener, elle et moi, contre les rabat-joie de notre village qui condamnaient notre amour au seul prétexte ethnique.

Deux autres questions me taraudaient l'esprit : me pardonnera-t-elle de m'être éclipsé sans la prévenir et comprendra-t-elle aussi que j'y étais contraint pour une raison de sécurité. Sans doute que si, me disais-je, comme pour me réconforter.

Je finis la dizaine de listes. Chacune d'elles était envoyée au responsable politique du FLN qui est chargé de les distribuer,

J'allais voir de temps en temps Yasmina dans son infirmerie, je discutais avec elle quand elle était inoccupée. L'ALN avait instauré une séparation stricte entre les *moudjahidin* femmes et les *moudjahidin* hommes, mais elle avait obtenu une dérogation grâce à sa parenté avec mon oncle.

Elle aussi partirait revoir sa petite fille. Une rencontre avec sa fille a été programmée dans une ferme proche où vivait son enfant.

Je rejoignis trois jours plus tard, mon chef et son groupe au nouveau poste de commandement.

C'était un secteur que je connaissais assez bien ; c'est là que j'avais commencé mes activités clandestines et mes premières opérations de militant actif du FLN.

Les points de relais de l'organisation FLN dans ce secteur étaient quasiment les mêmes que ceux que j'avais connus environ un an et demi plus tôt, à part ceux qui avaient été débusqués ou exfiltrés par le FLN et ceux tués par l'armée française.

Parmi les militants rencontrés, certains me connaissaient déjà, d'autres me confondaient avec Saïd.

En plaisantant, je leur répondais, c'est moi "Le collégien", Saïd est mon chef, mais le meilleur de nous deux, c'est encore moi. »

Selon les dires, le sinistre Fernand et le lieutenant, devenus les maîtres absolus de la région ainsi que des parachutistes stationnés dans deux camps nouvellement créés avaient commis d'innommables méfaits à l'encontre autant des militants que de la population des douars et des mechtas.

Saïd avait promis de me faire connaître en détail tous les évènements marquants de la région depuis notre départ pour le maquis, et particulièrement ceux concernant nos amis et familles du village.

Nous avions convenu d'en discuter après la distribution des lettres destinées aux citoyens Français.

Saïd et moi nous nous revîmes le lendemain.

Saïd commença :

— Nos amis ont tous été appelés pour leur service militaire. Gabriel avait demandé son affectation en métropole, il a été muté dans l'Oranais.

Jean et Antoine, les fils d'Henri le rouge, ont opté pour le statut d'objecteur de conscience, ils ont refusé de porter armes et uniforme militaire. Ce sont les deux jeunes les plus haïs de la communauté française du village.

La majorité des autres jeunes se sont soit engagés ou appelés pour effectuer leur service militaire.

Entre-temps, le sinistre Fernand a pris du galon.

Il est maintenant sous-lieutenant ; il a réussi à incorporer dans son peloton la totalité des jeunes recrutés du village. Son comportement a semé le trouble au sein même de la caserne entre les soldats pieds-noirs et les appelés du contingent.

C'était Fernand qui avait interrogé et torturé nos parents après notre départ pour le maquis. Nos pères avaient déclaré que nous nous étions embarqués clandestinement dans les cales d'un bateau vers la France.

Kader est mort il y a à peine deux mois lors d'un accrochage avec le peloton de Fernand. Alors qu'il décrochait avec son groupe après l'affrontement, il a eu la fâcheuse idée de revenir sur ses pas pour retrouver le sous-lieutenant Fernand et le tuer. Il a reçu une rafale de mitrailleuse FM24 positionnée sur l'une des crêtes du champ de bataille. Parmi ceux qui accompagnaient Kader et qui ont été tués, il y avait également deux jeunes de ton quartier.

Fernand a eu la macabre idée de ramener le corps de Kader et de ces deux autres combattants. Il les avait exposés pendant une journée sur la place du village comme un trophée de chasse. Nous avions appris plus tard qu'avant de jeter les corps dans un charnier, Fernand avait coupé la tête de Kader puis s'était fait photographier en la tenant entre ses mains.

Sa réputation est devenue légendaire dans la région.

Le FLN local lui a tendu une embuscade il y a à peine un mois. Une jeune et jolie militante avait réussi à l'aguicher et lui donna un rendez-vous dans un restaurant ; un pistolet 9 mm était déposé préalablement à proximité des toilettes.

Au moment où elle revenait des toilettes et s'apprêtait à lui tirer dessus, elle fut criblée de balles par deux civils attablés dans le restaurant. Fernand avait probablement pressenti le piège, il avait posté deux militaires en tenue de civil dans l'établissement avant de se rendre à ce rendez-vous galant.

L'OAS a pris racine dans notre village, c'est Gaston, l'adjoint au maire et ses fils qui sont les membres actifs de cette sinistre organisation.

Ils ont fait plastiquer trois magasins d'Algériens dans le village, y compris la librairie. Ils avaient tué à bout portant un notable indigène du village.

Ils ont tendu une embuscade à monsieur Henri le rouge, il a été juste blessé.

Ils menaçaient tous les habitants du village qui ne s'aligneraient pas sur leur thèse de l'Algérie française, particulièrement le vétérinaire et le médecin du village.

Je bouillonnais de rage.

— Toi, le chef, comment fait-on pour se porter volontaire pour l'assassiner, lui demandai-je.

— Souviens-toi des paroles du chef FLN, l'émotion et l'affectif ne doivent pas interférer dans nos missions. Et puis, ces choses-là se décident par les hautes autorités.

Mais, rassure-toi, l'élimination de Fernand est déjà programmée, elle aura lieu avant le cessez-le-feu prévu pour le dix-neuf mars 1962, donc dans un mois au plus.

Et crois-moi, cette fois, ce sera du costaud qui ne lui laissera aucune chance d'en réchapper.

— Pourrais-tu m'en dire plus sur cette action, je pourrais peut-être en faire partie.

— Malheureusement non, et de toute façon, tu es grillé, tu ne pourras participer à aucune action dans ton village au risque d'être vite reconnu.

Une autre question me brûlait les lèvres à propos de Madeleine et de sa famille, mais comme Saïd me taquinait chaque fois à propos de Madeleine, j'hésitais à la lui poser.

Puis, comme envahi par le doute, à quoi bon, me dis-je, n'ai-je pas vu Madeleine depuis presque un an et demi ; un amour si contraignant pour elle, peut-être avait-elle renoncé sous la pression de son entourage et choisi déjà un autre homme de sa vie, autre que l'indigène que je suis.

Mais finalement, je pris le risque de poser la question :

— Saïd, tu as des nouvelles de la famille de Madeleine ?

— Des nouvelles de Madeleine tu veux me dire ?

— Sincèrement, je ne saurais te dire.

Une réponse emplie de non-dits, surtout de la part de Saïd qui, depuis plus de deux ans, était attaché au service des renseignements et relations du FLN, chez qui atterrissaient toutes les informations.

Saïd ajouta :

— Par contre, j'ai une autre nouvelle pour toi. Demain, tu iras dans une ferme pour rencontrer ta mère.

— Mais, Saïd, tu es fou, la ferme est tout près de l'aéroport des parachutistes, c'est risqué de faire venir ma mère là non !

— Ne t'inquiète pas, j'ai tout organisé avec le maximum de sécurité avant que tu ne viennes ici. Ta mère ne t'a pas vu depuis plus d'un an.

Je rencontrai comme prévu ma mère et quelques autres militants FLN, les complices de mes premières actions pour la révolution algérienne.

Elle me donna des nouvelles sur tous les membres de la famille, ceux qui furent interrogés par les militaires au prétexte qu'ils étaient tes complices.

Elle me disait que Fernand et le lieutenant venaient épisodiquement inspecter tout le quartier.

Ils faisaient des descentes impromptues dans notre maison et celle de Kader.

- Avant de repartir, elle me raconta une histoire sidérante et touchante à la fois :
- Madeleine est venue me voir voilà à peine quinze jours. Alors que je la voyais d'habitude au domicile de ses parents, cette fois, elle est venue courageusement dans notre propre maison. Elle n'a cessé de pleurer en m'enlaçant et en m'embrassant.

– Je ne savais pas comment la consoler en français et je me suis mise à pleurer autant qu'elle.
– Puis elle m'a remis une lettre pour toi.
– En partant, elle me dit au revoir, ses deux mains sur son cœur en disant en arabe : «*Caramel habibi.* ».
– Voici ta *lettre*, conclut ma mère en me la tendant.
— Embrasse tout le monde, maman, la guerre est presque finie, je vais bientôt vous revoir tous.
Je me précipitai pour ouvrir et lire la lettre de Madeleine :
« *Cher Caramel,*

Je ne sais pas si tu es de ce monde, mais ton cœur bat en moi et me rassure, tu ne peux qu'être vivant. Depuis nos six ans, nous avions été des camarades, puis des amis et finalement, des amoureux précoces et maladroits, probablement à cause de notre timidité commune.

Souviens-toi, nous faisions parler les personnages des romans d'amour à notre place en soulignant les phrases et en entourant les photos ou encore les contacts furtifs de nos jambes ou de nos mains sous la table ainsi que nos regards complices.

À peine douze ans, c'était déjà dans ces gestes-là, dans ton regard malicieux et tes yeux attendris, que je détectais tes plus belles déclarations d'amour. Et puis vint la saison de nos quinze printemps et la divine bénédiction de tante Gisèle qui nous permit de vivre passionnément notre amour.

Au lycée, après ton départ, les tentatives des soupirants s'arrêtaient avant même de débuter, car ton cœur est dans mon corps, ton cœur est dans mon propre cœur et me sert de rempart contre les tentations.

Fernand n'a cessé de me harceler et, faute de m'avoir séduite, il a tenté vainement de me détourner de ton amour. C'est le contraire qui s'est produit, je t'aime davantage et adhère à la noble cause que tu défends, la liberté de ce pays qui nous a vus naître sans se poser la question de nos origines, lui.

Mon père tient tête aux menaces de l'OAS orchestrées par Fernand et son père Gaston.

Ma mère et moi sommes en France, mon père avait jugé bon de nous envoyer chez la grand-mère pour notre sécurité.

J'ai remis cette lettre à ta mère avant de partir ; elle n'a pas su me donner l'adresse de la maison, j'ai relevé le numéro et le nom de la rue en sortant, pour nourrir l'ultime espoir de te contacter plus tard.

S'il te plaît, prends soin de notre amour, garde-le dans ton cœur comme je l'ai gardé dans le mien, scelle-le dans un coffre-fort et ne perds pas la clé. Je t'aime plus que tout mon Caramel. Madeleine. »

Chapitre IX

La fin de la guerre

Le cessez-le-feu décrété entre la France et les résistants algériens est entré en vigueur, ce 19 mars 1962.

La guerre n'est pas terminée pour autant, c'en est une autre qui commence, des règlements de comptes entre d'une part l'organisation de l'OAS qui usera ses dernières cartouches en prônant la terre brûlée en Algérie intimant aux Français d'Algérie le célèbre et triste slogan « La valise ou le cercueil », du côté des maquisards, c'est des exécutions de « collabos », comme lors de l'après-deuxième guerre en France, la chasse aux harkis, les caïds ayant occupé des postes dans l'administration, ou encore les indicateurs qui servirent l'armée française, ceux qui avaient tué ou dénoncé leurs compatriotes algériens.

Des lynchages et des exécutions sommaires ont eu lieu avant même l'instauration d'un tribunal d'exception qui condamnera un grand nombre d'entre eux à la peine de mort immédiatement, d'autres à de lourdes peines de prison.

Les seuls épargnés de la vindicte populaire et du FLN seront les harkis qui avaient aidé clandestinement la révolution en fournissant armes, médicaments et renseignements militaires à la révolution ou encore ceux qui, par leur comportement, n'avaient pas commis de sévices à l'égard de la population pendant cette affreuse guerre.

S'ajoutent à cela quelques accrochages entre l'armée de libération algérienne et l'armée française malgré l'interposition d'une force locale, qui avait pour mission de faire respecter le cessez-le-feu et favoriser la transition entre les deux belligérants.

En cette fin du mois de juin 1962, nous avions quitté le maquis pour nous installer en ville dans les casernes militaires libérées par l'armée française.

Nous étions accueillis par la population qui scandait « Vive l'Algérie indépendante » ou encore « gloire aux martyrs ».

Alors que nous patrouillions dans le village, des mères et des grands-mères venaient, nous embrassaient, parfois nous enlaçaient avec les larmes aux yeux, particulièrement Saïd et moi, les plus jeunes du groupe, sous le regard, un peu jaloux, de nos compagnons aînés.

La liesse populaire durera des semaines, les maquisards que nous étions furent élevés à la plus haute considération, des invitations à des repas somptueux et même des propositions de mariage pour sceller une alliance avec ces valeureux combattants qui ont libéré le pays.

Une autre liesse de grande envergure sera celle du 5 juillet 1962, la déclaration officielle de l'indépendance de l'Algérie.

Après tant de festivités, il fallait maintenant réfléchir à notre devenir et notre insertion parmi la société civile.

Un premier défi post-indépendance était de construire de nouvelles institutions pour la gestion du pays.

Grand nombre de maquisards seront désignés pour occuper des postes à responsabilité dans la nouvelle administration. Ils furent recrutés plus pour leur mérite révolutionnaire que pour leur diplôme.

Les jeunes collégiens et lycéens, ayant interrompu leurs études pour rejoindre la révolution, seront dans leur majorité sélectionnés pour aller faire des études à l'étranger et former ainsi les futurs cadres de l'administration.

L'ami Saïd et moi-même étions sélectionnés pour faire partie de ces futurs cadres de la nation.

Alors que Saïd s'extasiait par les études à l'étranger et sa future carrière, pour moi s'y ajoutée une autre ambition : comment allais-je retrouver Madeleine, l'amour de ma jeunesse, partie en France quelques mois avant l'indépendance de l'Algérie.

Saïd, moi et quelques autres jeunes étions convoqués par un service de l'éducation afin de constituer nos dossiers de bourse pour nos études à l'étranger.

Bien que l'affectation aux écoles étrangères pour chacun d'entre nous fût déterminée par le service de l'éducation nationale, j'avais fait des pieds et des mains pour aller étudier dans une école en France.

Ironie du sort, j'ai choisi la France, ce pays que j'ai combattu pour l'indépendance de mon pays.

Mais, il y avait une autre raison, celle de retrouver Madeleine rapatriée d'Algérie, dont notre amour était un des symboles du vivre ensemble entre les deux communautés, regrettant de ne pouvoir vivre dans ce beau pays.

L'auteur :

Sous le pseudo de Massine TACIR ou sous son propre nom, Med Kamel YAHIAOUI, Ecrivain Essayiste et Editorialiste indépendant, nous révèle sa passion d'auteur éclectique grâce à de nombreux œuvres :

- **Maximes et Réflexions contemporaines** (essai) une vision lucide sur le terrorisme, la laïcité, Internet, la sexualité, la drogue et pas moins de 500 maximes et citations dans ce pur style littéraire.

- **Le petit fellagha**, (roman) narratif pendant la guerre d'Algérie, ou s'entremêlent l'amour, l'amitié, mais aussi la haine et les drames d'une guerre incomprise et dont les séquelles perdurent jusqu'à nos jours.

- **Que se passe-t-il à TOBICOR** », roman de fiction ou Dieu, la science, les pouvoirs invisibles et l'amour se défient dans des lieux intrigants, du désert de Californie jusqu'au Sahara Algérien.

- **Berbères et Arabes, l'histoire controversée** (essai) l'histoire des célèbres rois et dynasties berbères du Grand Maghreb et la controverse identitaire.

- **Madeleine et l'indigène** » un roman d'amour d'une pied-noir et d'un algérien communément appelé l'indigène. Un combat pour préserver leur amour contre tout ce qui s'oppose à leur union.

- **Les secrets de la bâtisse (roman), roman de science- fiction**

- **La guerre d'Algérie, de l'amitié et de l'amour aussi, roman narratif**